企业研发联盟技术学习的理论与实证

Theoretical and Empirical Research on Technological Learning in Enterprises' R&D Alliances

董芹芹 著

图书在版编目（CIP）数据

企业研发联盟技术学习的理论与实证 / 董芹芹著 . — 北京：知识产权出版社，2015.6
ISBN 978-7-5130-3438-8

Ⅰ . ①企… Ⅱ . ①董… Ⅲ . ①企业 – 技术开发 – 研究 – 中国 Ⅳ . ①F279.23

中国版本图书馆 CIP 数据核字 (2015) 第 070857 号

内容提要

本书综合运用战略联盟理论、组织学习理论、知识管理理论等知识对企业研发联盟技术学习的原理和方法展开研究，探究企业研发联盟技术学习的规律和特点；从多个角度分析企业研发联盟技术学习的微观机理和效应；提出企业研发联盟技术学习的竞合博弈模型；提出企业研发联盟技术学习的 M-SECI 模型并运用粗集过程模型对其进行解析；提出企业研发联盟技术学习的平台模式、项目模式和人才培养模式；建立中国企业研发联盟技术学习的案例库，通过案例库和问卷调查展开实证研究。微观与宏观结合、理论与实证结合、定性与定量结合，系统构建企业研发联盟技术学习的理论框架，完善现有研究成果，拓展技术学习的研究视角，为我国企业增强技术学习能力、加快技术积累、提升技术能力和创新能力提供有益参考。

本书可供企业研发领域的管理人员和科技人员参考，也可作为企业管理、管理科学与工程等专业方向的本科生、研究生的参考教材。

责任编辑：彭喜英

企业研发联盟技术学习的理论与实证
QIYE YANFA LIANMENG JISHU XUEXI DE LILUN YU SHIZHENG
董芹芹　著

出版发行	知识产权出版社 有限责任公司	网　　址：	http://www.ipph.cn
电　　话：	010 - 82004826		http://www.laichushu.com
社　　址：	北京市海淀区马甸南村1号	邮　　编：	100088
责编电话：	010 - 82000860 转 8539	责编邮箱：	pengxyjane@163.com
发行电话：	010 - 82000860 转 8101 / 8539	发行传真：	010 - 82000893 / 82003279
印　　刷：	三河市国英印务有限公司	经　　销：	各大网上书店、新华书店及相关专业书店
开　　本：	720mm×1000mm　1/16	印　　张：	14
版　　次：	2015年6月第1版	印　　次：	2015年6月第1次印刷
字　　数：	215千字	定　　价：	42.00元

ISBN 978 - 7 - 5130 - 3438 - 8

出版权专有　侵权必究
如有印装质量问题，本社负责调换。

前　言

　　知识经济时代的竞争，其实质在于技术竞争。谁拥有先进技术，谁就能占领世界市场，增强实力地位，因而掌握先进技术就成为企业增强核心竞争力的主要战略。然而，激烈的全球竞争、竞争环境的不确定性和复杂性、飞速发展的技术和不断上升的新产品开发成本和风险，使企业难以单独研发新产品所需的全部技术，企业只依靠自身投入资源获取知识来满足自身需要变得日益困难。国内企业只有突破封闭的技术创新模式，在科研上联合起来，才有可能与跨国公司抗衡。采用共担创新成本和风险、缩短产品开发时间、渗透新市场、获得新技术和迅速实现规模经济的研发联盟成为企业技术获取、技术学习和技术能力提升的重要战略手段。在中国以企业为主体的技术创新体系建设中，对企业研发联盟技术学习的研究具有重要的理论与实证意义。

　　技术的发展趋势和企业技术创新模式的演变预示着研发联盟将成为企业知识生产的一种重要组织形式，基于研发联盟的技术学习必将成为我国企业技术能力提升的一项重要战略思路。为了在研发联盟中实现有效的技术学习，企业必须了解研发联盟技术学习的内在机理、竞合形态与抉择、运作过程和模式、高效的管理手段等知识。本书正是在阅读大量理论研究文献、搜集大量实证案例的基础上，采用理论与实证研究相结合的方法，试图构建中国企业研发联盟技术学习的理论框架，并提出一些具体实践措施。

本书在撰写的过程中，得到了谢科范教授的精心指导，著者深受教益，在此表示诚挚的谢意。同时，向书中参考文献的作者致以谢意。限于著者水平，书中难免存在不当之处，恳请读者指正并提出宝贵意见。

目 录

第1章 导 论 ·· 1
  1.1 研究背景、目的与意义 ································· 1
    1.1.1 研究背景 ·· 1
    1.1.2 研究目的与意义 ·································· 2
  1.2 国内外研究综述 ······································· 3
    1.2.1 关于企业研发联盟的研究 ·························· 3
    1.2.2 关于企业技术学习的研究 ·························· 6
    1.2.3 对国内外相关研究的评述 ························· 20
  1.3 研究内容与研究方法 ·································· 22
    1.3.1 研究内容 ······································· 22
    1.3.2 研究方法 ······································· 24

第2章 企业研发联盟技术学习的理论基础 ··················· 26
  2.1 战略联盟理论 ·· 26
    2.1.1 战略联盟的界定 ································· 26
    2.1.2 战略联盟形成动机 ······························· 28
    2.1.3 战略联盟类型和结构模式 ························· 30
    2.1.4 战略联盟的风险、不稳定性和失败原因 ············· 34
    2.1.5 战略联盟利益分配 ······························· 38
  2.2 组织学习理论 ·· 38
    2.2.1 学习的概念及其演变 ····························· 38

　　　　2.2.2　对组织学习的研究 ……………………………………40
　　　　2.2.3　跨组织学习和基于联盟的学习 ……………………………43
　2.3　资源基础理论 ………………………………………………46
　2.4　交易成本理论 ………………………………………………49
　2.5　社会网络理论 ………………………………………………52
　　　　2.5.1　社会网络与联盟网络 ………………………………………52
　　　　2.5.2　社会网络资本对企业研发联盟技术学习的积极作用 ………54
　2.6　知识管理理论 ………………………………………………55
　2.7　本章小结 ……………………………………………………60

第3章　企业研发联盟技术学习的机理 ………………………………61
　3.1　企业研发联盟技术学习的内涵与原则 …………………………61
　　　　3.1.1　企业研发联盟技术学习的内涵与特征 ……………………61
　　　　3.1.2　企业研发联盟技术学习的原则 ……………………………62
　3.2　企业研发联盟技术学习的基本维度 ……………………………64
　　　　3.2.1　企业研发联盟技术学习的对象 ……………………………64
　　　　3.2.2　企业研发联盟技术学习的内容 ……………………………65
　　　　3.2.3　企业研发联盟技术学习的层次 ……………………………65
　3.3　企业研发联盟技术学习的动力机制 ……………………………67
　3.4　企业研发联盟技术学习的影响机制 ……………………………72
　　　　3.4.1　技术本身特性 ………………………………………………73
　　　　3.4.2　学习对象的配合程度 ………………………………………76
　　　　3.4.3　技术需求方的学习能力 ……………………………………78
　　　　3.4.4　伙伴关系与联盟治理 ………………………………………80
　3.5　企业研发联盟技术学习的制约机制 ……………………………87
　　　　3.5.1　技术属性障碍 ………………………………………………87
　　　　3.5.2　技术保护障碍 ………………………………………………87
　　　　3.5.3　传授能力障碍 ………………………………………………88
　　　　3.5.4　吸收能力障碍 ………………………………………………89
　　　　3.5.5　伙伴关系障碍 ………………………………………………89
　3.6　企业研发联盟技术学习运行机制 ………………………………90
　3.7　企业研发联盟技术学习的管理机制 ……………………………91

3.8 本章小结 ··94

第4章 企业研发联盟技术学习的竞合博弈分析 ························95
4.1 博弈的基础——联盟中的竞合关系 ································95
4.1.1 联盟竞合关系的多角度分析 ································95
4.1.2 联盟竞合效应的内涵及竞合强度的决定因素 ············98
4.1.3 联盟中的竞合强度与类型 ································100
4.1.4 联盟竞合效应对企业技术学习的影响 ····················102
4.2 技术共享与技术保护的博弈 ·······································103
4.2.1 基本假设 ···104
4.2.2 模型讨论 ···105
4.2.3 不同情况下的策略选择 ····································107
4.3 技术合作与学习的正和效应分析 ································108
4.3.1 问题假设及模型描述 ·······································109
4.3.2 模型分析-创新动力和学习动力产生的条件 ············111
4.3.3 技术学习的联盟整体正和效应分析·······················112
4.4 本章小结 ···114

第5章 企业研发联盟技术学习的模式 ································116
5.1 "3P"基础与"双E"学习 ···116
5.1.1 "3P"基础 ···116
5.1.2 "双E"学习 ···118
5.2 基于研发平台的企业研发联盟技术学习模式 ···················119
5.2.1 基于研发平台的企业研发联盟技术学习基本概念······119
5.2.2 技术学习导向下的研发平台建设方案 ···················121
5.2.3 基于研发平台的企业研发联盟技术学习的载体 ········123
5.2.4 案例分析：正在建设中的中国微小型汽车研发战略联盟平台
··125
5.3 基于研发项目的企业研发联盟技术学习模式 ···················129
5.3.1 研发项目的表征 ···129
5.3.2 项目基础型联盟技术学习的表现形式 ···················131
5.4 基于人才培养的企业研发联盟技术学习模式 ···················134
5.4.1 研发人员特征 ···134

5.4.2　面向技术学习的研发人才合作培养形式 …………………… 135
　　　5.4.3　人才培养型技术学习的关键问题 ………………………… 136
　　　5.4.4　案例分析：宝钢依托产学研联盟的技术人才培养模式 …… 137
　5.5　本章小结 ……………………………………………………………… 139

第6章　企业研发联盟技术学习的M-SECI模型 ……………………… 140
　6.1　企业内知识学习的SECI模型简介 ………………………………… 140
　6.2　联盟技术学习M-SECI模型的提出 ………………………………… 142
　6.3　M-SECI模型的要素解析 …………………………………………… 145
　　　6.3.1　联盟知识共享平台 …………………………………………… 146
　　　6.3.2　联盟知识交流机制 …………………………………………… 150
　　　6.3.3　联盟知识创造过程 …………………………………………… 155
　　　6.3.4　联盟知识创新 ………………………………………………… 158
　6.4　M-SECI粗集过程模型 ……………………………………………… 159
　　　6.4.1　M-SECI粗集过程理论 ……………………………………… 159
　　　6.4.2　M-SECI粗集过程模型实例 ………………………………… 162
　6.5　本章小结 ……………………………………………………………… 164

第7章　中国企业研发联盟技术学习的实证分析 ……………………… 165
　7.1　宏观概况 ……………………………………………………………… 165
　　　7.1.1　研发联盟重要地位凸显 ……………………………………… 165
　　　7.1.2　研发联盟成为我国企业研发战略重要组成部分 …………… 166
　　　7.1.3　合作伙伴成为企业创新的重要技术信息来源 ……………… 168
　　　7.1.4　可靠的合作伙伴成为创新成功的重要因素 ………………… 169
　　　7.1.5　我国企业技术战略定位及技术学习投入 …………………… 169
　7.2　群体案例分析 ………………………………………………………… 171
　　　7.2.1　案例库构建 …………………………………………………… 171
　　　7.2.2　案例库分析 …………………………………………………… 171
　　　7.2.3　典型企业典型模式 …………………………………………… 176
　7.3　问卷调查分析 ………………………………………………………… 182
　　　7.3.1　背景介绍 ……………………………………………………… 182
　　　7.3.2　基本统计分析 ………………………………………………… 184
　　　7.3.3　技术学习影响因素的因子分析 ……………………………… 188

		7.3.4　关联规则分析 ……………………………………………… 190
	7.4　本章小结 ……………………………………………………… 192
第8章　总结与研究展望 …………………………………………… 193
	8.1　全书总结 ……………………………………………………… 193
	8.2　本书创新点 …………………………………………………… 196
	8.3　研究展望 ……………………………………………………… 196
参考文献 ……………………………………………………………… 198

第1章 导 论

1.1 研究背景、目的与意义

1.1.1 研究背景

知识经济时代的竞争，其实质在于技术竞争。谁拥有先进技术，谁就能占领世界市场，增强实力地位，因而掌握先进技术就成为企业增强核心竞争力的主要战略。跨国公司竞争力强的主要原因并不是生产规模大，而是科研能力强。由于缺乏核心技术，我国企业不得不将每部国产手机售价的20%，每台计算机售价的30%，数控机床售价的20%～40%支付给国外专利持有者[1]。因此我国政府把"增强自主创新能力作为科学技术发展的战略基点和调整产业结构、转变增长方式的中心环节"。国外学者的研究也表明，发展中国家企业在经济起飞过程中，如果不能实现技术能力的相应提高，那么工业化过程最终会碰到"天花板"现象[2, 3]。因此加强对以技术学习为导向的能力提高的研究就具有十分重要的理论及实践意义。

但是，激烈的全球竞争、竞争环境的不确定性和复杂性、飞速发展的技术和不断上升的新产品开发成本和风险，使企业难以单独研发新产品所需的全部技术，只依靠自己投入资源获取知识来满足自身需要变得日益困难。国内企业只有突破封闭的技术创新模式，在科研上联合起来，才有可能与跨国公司抗衡。采用共担创新成本和风险、缩短产品开发时间、渗透新市场、获得新技术和迅速实现规模经济的研发联盟成为企业技术获取、技术学习和技术能力提升的重要战略手段。

20世纪90年代以来，研发联盟呈现迅速发展的势头，大型公司之间面向重大技术创新的联合研究和战略联盟在发达国家已经非常盛行。美国学者波特在研究一些国家在某些行业能够保持竞争优势的原因时发现，其中一个重要因素就是这些国家的企业、大学、科研机构之间结成了复杂的联盟关系，共同构成了对内合作竞争，对外协同作战的国家竞争优势（史占中[4]，2001）。所以大力发展企业间的研发合作对提升我国科技乃至国家竞争力十分必要。

我国企业的研发联盟在近年内发展迅速，如电子信息行业的龙芯联盟和TD-SCDMA产业联盟、汽车轻量化技术创新战略联盟、无线射频识别技术产学研战略联盟、长虹-微软信息家电技术联合实验室等，许多高新技术企业通过研发联盟获得外部技术和资源并迅速发展壮大。多家企业通过组建研发联盟，做到研发集中和规模化，通过相互之间技术学习和交流能够增强企业的创新能力。这里所说的合作，不再是单方面的经验吸收，而是双方相互学习，确切地说应该是"竞合"，为竞争而合作，靠合作来竞争，对外协同作战，联盟内既合作又竞争。

技术学习是企业技术能力提升和创新成功的关键。研发联盟正是通过建立一个低成本的"学习基地"，促进联盟成员企业的组织学习。企业通过研究开发阶段的技术合作，可以很快学到先进的技术，获取新知识并掌握其精髓，将其与自身的核心能力融合，使可持续发展的竞争优势得以加强，核心专长得以扩展，迅速跨入行业领先地位。

1.1.2 研究目的与意义

本研究之所以关注企业研发联盟技术学习，一方面是因为技术的发展趋势和企业技术创新模式的演变预示着研发联盟将成为企业知识生产的一种重要组织形式，另一方面是因为基于研发联盟的技术学习必将成为我国企业技术能力提升的一项重要战略思路。为了在研发联盟中实现有效的技术学习，企业必须了解研发联盟技术学习的内在机理、竞合形态与抉择、运作过程和模式、高效的管理手段等知识。本书正是在阅读大量理论研究文献、搜集大量实证案例的基础上，采用理论与实证研究相结合的方法，试图构建中国企业研发联盟技术学习的理论框架，并提出一些具体实践措施。

本书的研究意义可以从理论意义和实践意义两方面来阐明。

（1）理论意义。综合运用战略联盟理论、组织学习理论、知识管理理论等知识对企业研发联盟技术学习的原理和方法展开研究，探究企业研发联盟技术学习的规律和特点；从多个角度分析企业研发联盟技术学习的微观机理和效应；提出企业研发联盟技术学习的竞合博弈模型；提出企业研发联盟技术学习的M-SECI模型，并运用粗集过程模型对其进行解析；提出企业研发联盟技术学习的平台模式、项目模式和人才培养模式；建立中国企业研发联盟技术学习的案例库，通过案例库和问卷调查展开实证研究。微观与宏观结合、理论与实证结合、定性与定量结合，系统构建企业研发联盟技术学习的理论框架，完善现有研究成果，拓展技术学习的研究视角，为现有的企业战略联盟理论和技术学习理论提供了补充。

（2）实践意义。针对我国不同行业企业研发联盟中的技术学习进行剖析与探讨，形成较为完善的企业研发联盟技术学习研究体系与企业研发联盟技术学习理论，有助于我国企业在研发联盟技术学习中洞察合作伙伴联盟动机，掌握技术学习的最佳途径，同时合理处理各种利益冲突，保护己方知识产权，为我国企业增强技术学习、加快技术积累、提升技术能力和创新能力提供有益参考。

1.2 国内外研究综述

1.2.1 关于企业研发联盟的研究

1.2.1.1 研发联盟的定义

有关研发联盟的定义，各国学者依据其所研究的范围及研究目的有不同的阐释。Dinneen[5]（1988）把研发联盟定义为由两家或以上的企业组成，共同进行研发工作并共同分享研发成果的过程。Hagedoorn 和 Narula[6]（1996）

认为研发联盟包括两个以上的竞争企业，将资源进行整合，产生一个新的合法个体以从事研发。Mothe 和 Queilin[7]（2001）简单将研发联盟定义为企业间为了共同目标（如开发新产品、过程创新等）而进行的合作计划。国内学者李东红[8]将企业研发联盟定义为，企业通过与其他企业、事业单位或个人等建立联盟契约关系，在保持各自相对独立利益及社会身份的同时，在一段时间内协作从事技术或产品项目研究开发，在实现共同确定的研发目标的基础上实现各自目标的研发合作方式。

从上面的定义可以知道研发联盟是跨组织合作的一种典型范例，是战略联盟的一种特殊形式。研发联盟是一种外部学习机会，通过与联盟伙伴的互动学习机制，可以增加知识来源，同时提高组织创造知识的能力并拓展特定的技术领域（Phan PH 和 Peridis T[9]，2000）。

本书作者认为，研发联盟是指企业为提升技术创新及产品开发能力，在保持各自相对独立的利益及社会身份的同时，通过共建研发实体或契约协议与外部组织机构建立的优势互补、风险共担、利益共享、长期合作的关系。它们在一段时间内合作从事技术或产品项目研究开发，是在实现共同研发目标的基础上实现各自目标的研发合作方式。这里的外部组织机构既包括其他企业（甚至竞争对手），也包括大学、科研院所等研究机构。产学研战略联盟是企业研发联盟的一种特殊形式。

1.2.1.2 研发联盟的动因

Hamel 和 Prahalad[10]（1989）研究发现，合作伙伴间相互学习对方的知识是企业进行研发联盟的重要目的和主要动因。樊增强[11]（2003）对跨国公司研发联盟进行研究后得出，跨国公司开展研发联盟是获取与企业核心技术相关的上、下游技术和新技术的需要，技术创新环境的不确定性变化是跨国公司组建研发联盟的重要动因，在网络竞争中，研发联盟发挥着举足轻重的作用。

Badaracco[12]（1991）认为企业间隐形知识无法通过市场交易来获得，而必须通过合作的方式。研发联盟有效地为企业创造一个便于技术合作、知识共享的环境，通过人员交流、技术交叉、知识内化，将技术创新知识有效移植到各成员企业中，进而更新或强化企业的核心技术能力。

刘凤艳[13]对企业研发联盟的动因作了比较完整的归纳：①获取某种技术，如果企业需要的某种技术在公开市场上难以获得，就会与持有该技术的企业签订契约，如技术许可或合作协议来取得所需技术；或者通过结盟，把其他企业拥有的而本企业没有的技术捆绑在一起，共同开发捆绑了互补技术的产品，使其更有竞争力；②获得战略资源。联盟可以使企业较快获得所需资源；③创造学习机会，在创造学习机会方面，研发联盟创造了一个分享知识的环境，使企业容易接受新技术并能在企业内部顺利转换。

1.2.1.3 研发联盟稳定性

合作并不是永恒不变的，冲突、竞争与合作是相对的。李瑞涵、赵强、吴育华[14]认为影响研发联盟稳定性的原因是多方面的。合作利益分配的合理性、合作环境变化、合作目的达到程度及合作意愿的强烈程度等均会影响合作的稳定性。Park和Ungson[15]（2001）认为联盟失败的主要来源是成员企业间的竞争及联盟管理的复杂度。

Pastor和Sandonis[16]（2002）研究了研发联盟组织的稳定性及成员企业背离合作组织的原因，指出研发联盟的稳定性依赖于处理好组织冲突化解、文化协调整合、机会主义防范、信息不对称四个方面的问题。Cyert和Goodman[17]（1997）针对以上各个方面提出了提高研发联盟效率的途径，包括：①选择具有普遍性、易于推广、互利性的课题进行合作；②建立基于团队合作的工作小组；③建立过程监测和应变机制；④建立成员间的密切关系；⑤建立有效的知识传播、扩散途径；⑥建立新的组织安排；⑦进行知识的传播和储备。

阮平南、黄蕾[18]主张为加强企业间合作的稳定性，应建立企业间内在约束机制，具体包括以下几个方面。①任何合作都必须以提高双方的收益为条件。对企业双方而言，应存在具有帕累托改进性质的分配规则，即合作所创造的利益至少不应低于不合作时所创造的利益。②信任关系的建立与发展。在合作初期，企业间合作博弈的实现和维持更多依靠相互间的协议。随着博弈过程交往的深化，信任关系的发展遵循一条循环往复、螺旋上升的路径，为合作博弈奠定了基础。③注重长期合作。长期合作可以加强企业间的联系和依赖，促进企业的协同发展。④有效的信息沟通。有效的信息沟通有助于增进双方的相互了解，加强信任，合作才更有可能实现。⑤合作过程中应建立惩罚机制。违约行为的根本原因在于利益的诱导，也就是企业的违约收益大于违约成本。如果违约收益小于违约成本，违约行为就可能避免。

1.2.2 关于企业技术学习的研究

1.2.2.1 对技术的概念和特性的研究

广义而言，技术是指个体所具有能运用并解决问题的经验及知识。若以企业为主体，技术代表了整个企业功能中所需的所有经验与知识，也就是说对一个企业而言，技术存在于其每一个企业功能之中。将特定投入资源转化成为所欲产出的所有主要活动，均可称为技术。技术的范围涵概极广，技术包含了机器、工具、设备、指导说明书、规则、配方、专利、概念及其他各种知识。由于出发点和研究目的不同，对"技术"的概念有不同的界定，如表1-1所示。

表1-1 从不同角度对技术的定义

定义角度	研究者	年代	定义描述
存在形态	Polanyi	1962	把技术知识分为隐性和显性。前者较难复制、转移和推广，因为其难以用文字、符号进行完全表征，管理经验、技术诀窍就属于这一类技术知识。而后者可以完全用语言和文字或符号表征，易于复制和推广应用，很容易通过商业交换而获得
生产角度	Erdilaek和Rapoport	1985	技术是关于某种产品或生产技术的一组技术知识，有时也包括使用该产品或生产技术的技巧
专利角度	Helleiner	1975	技术不仅包括法律认可的专利和商标；也包括无法专利化的技术或未经专利化的专有技术知识；还包括熟练劳动内含的技术和有形商品内含的技术

续表

定义角度	研究者	年代	定义描述
知识产权角度	沈达明、冯大同	1980	一类是受国家工业产权的技术，如专利、商标等；另一类是无工业产权的技术，主要是指技术诀窍，如图纸、设计方案、技术说明书、技术示范、具体指导等
技术本身性质	Tihanyi 和 Roath	2002	技术沿着一条从有形到无形的连续体发展

还有其他一些学者对技术给出了不同的定义，如表1-2所示。

表1-2 对技术的定义[19]

学者	年代	主要观点
Branson	1966	凡是与生产或管理有关的软件或硬件知识，都可以称为广义技术，狭义则专门指新的生产方法等硬性知识
Schon	1967	任何工具、技巧、产品、制造过程、设备或方法，人类凭借技术使自身的能力得以延伸
Strassman	1968	技术不仅是各种工具，而且是一种使用工具的行为，一组制造特定产品的方法；也就是说制造过程方面的知识就是技术
Peno Wallender	1977	技术是附着于生产过程及管理方法中的一种知识
Roberts	1977	技术指的是生产产品整个过程中所需的知识及企业管理和营销知识
Martino	1983	技术是人类用来达成某些特定目的的工具、技巧、方法，不局限于硬件技术，还包含软件技术和服务技术
Robock Simmonds	1983	技术是使用及控制生产因素的知识、技巧和方法
Souder	1987	技术是一种知识的概念，可分为观念性技术、应用性技术、作业性技术
Ounjian Carne	1987	技术包括新产品、产品改良、新的制造过程、制造过程的改善及新工具五个层面
Frankel	1990	技术是一种知识、经验、秘诀、具体的装置或设备，能够生产或制造新形态的产品或服务

续表

学者	年代	主要观点
Gibson Smilor	1991	技术是指产品技术和制造技术
Hedlund	1994	技术是一种知识
Bohn	1994	技术是使组织改善产品服务能力的技术知识(Know-how)
Autio Laamanen Katz	1995 1996	技术不仅包括外显的技术文件、图纸、专利等,还包括内隐的经验与能力,即发现问题、开发新的观念或工具以有效解决问题的能力
Ambrosio	1995	技术包括Know-how、Know-what、Know-why三个部分
Branson	1996	技术包括产品设计、生产方法,以及为了规划、组织和执行生产计划所需的企业体系
Zeleny	1997	技术包括技术实现的工具(如机器、设备的物理结构和逻辑安排)、技术信息(使用工具完成一定任务所需的知识)、对以某种特定方式使用技术的理由的了解
许庆瑞	2002	技术的本质是知识和信息

为了便于研究使用,本书作者认为技术知识是一个广义概念,它不仅仅指专利、研发知识、生产作业流程、技术诀窍,还包括管理技能、市场销售技能等(见图1-1)。研发联盟是一种技术层面的合作,研发设计或产品制造过程中所需要的知识皆为技术知识,企业间共享的知识也主要是技术层次的知识。

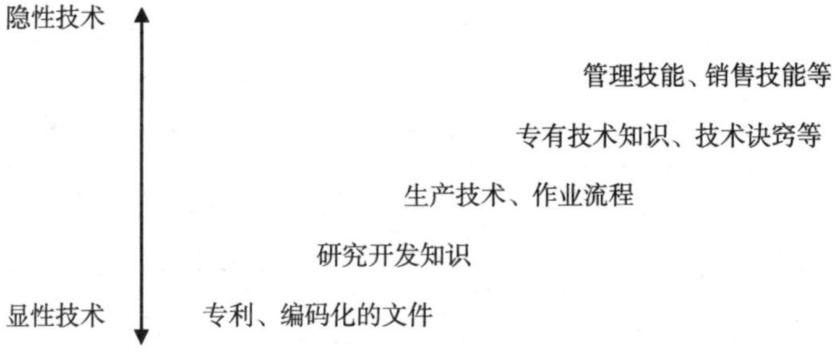

隐性技术 ↑

　　　　　　　　　管理技能、销售技能等
　　　　　　　　专有技术知识、技术诀窍等
　　　　　　　生产技术、作业流程
　　　　　　研究开发知识
显性技术　　专利、编码化的文件

图1-1　技术的内涵

第1章 导 论

根据不同的标准，可以将技术分为不同的类型，如表1-3所示。

表1-3 技术的分类

分类标准	技术类型
存在形式	显性技术、隐性技术
技术的范围	内部技术、外部技术
技术所有权	个人技术、组织技术
静态、动态观点	实体技术、过程技术
技术对企业作用和贡献的大小	核心技术、非核心技术
专有性程度	专门技术、通用技术
技术的科技含量	传统技术、高新技术

技术的特性主要表现在专有性、复杂性、缄默性、模糊性等方面，如表1-4所示。

表1-4 对技术特性的研究

技术特性	研究者	主要观点
专有性	Williamson(1985)	技术专有性是指基于现有的科学原理及材料选择推导出来的、针对某问题的特定的解决方法，是企业知识对自己的企业历史背景和组织环境的依赖程度的体现，是一个特定的企业运用某种特定的方式将该技术的效用发挥到最大
复杂性	Teece(1992)	技术不是孤立存在的，技术复杂性是指技术之间的相互依赖程度，亦即该项技术之有效运作或发挥需要依赖其他互补性知识或资源的程度
复杂性	Simonin(1999)	复杂性会影响对技术整体的了解并削弱可转移性；技术复杂性与知识移转的模糊程度呈正向关系；技术复杂性愈高，技术整体愈不易进行完整的交易与移转

续表

技术特性	研究者	主要观点
缄默性	Steensma(1996)	技术缄默性是指技术不易明示化或诉诸于文字的程度
	Polanyi[20] (1962)	难以明晰地表达出来
	Nonaka[21] (1995)	具有明显的个体性质,隐藏在个人头脑中
	Kim(1999)	作为技术知识集合的企业技术能力不仅包含技术文件、技术蓝图等明晰知识,更多地体现为关于如何应用技术和开发技术的隐性知识
	Simonin(1999)	技术具有"可意会,不可言传"的特质;技术的缄默性增加了技术交流与合作的难度
模糊性	Kogut和Zander[22] (1992)	技术模糊性指知识转移过程中难以模仿、知识的惰性、相互间的障碍、"信息的隐性"和转移能力;当一方所拥有的技术的模糊性高时,合作者学习、吸收其技术的机会和效果就会受到限制

1.2.2.2 对技术学习概念和特性的研究

技术学习是技术管理研究领域在20世纪90年代兴起的一个概念,是指后来企业获得和提高技术能力的过程[23],表1-5列举了不同研究者对这一概念的定义。在现有的发展中国家技术学习研究中,还没有一个公认的技术学习定义。Amsden[24](1989)所说的技术学习是指发展中国家的企业通过主动技术努力获取技术能力的意思;Hobday[23](1995)在对亚洲四小龙电子工业追赶过程的研究中,将技术学习定义为企业获取技术知识的过程;Linsu Kim[25](1997)在对韩国技术学习的研究中,将技术学习理解为获取技术的能力。我国学者谢伟[26](1999)将技术学习定义为以形成和提高技术能力为特点和目的,获得显性知识和隐性知识的行为。

表1-5 不同学者对技术学习的定义

研究者	对技术学习的定义
Amsden(1989)	学习是一种范式类型,包括技术的复制和"借用"

续表

研究者	对技术学习的定义
Dodgson（1991）	学习是一种企业通过该方式建立和补充它的关于技术、产品和过程的知识基础，并发展和提高整个组织成员的使用技巧的方式
Bell 和 Pavitt（1992）	提高或加强那些产生并管理技术变革的资源的全部过程；强调没有认识到企业在技术积累中的重要性是政府政策的重大失误
M.Hobday（1994）	企业构建和增加与技术、产品和工艺等有关的知识库的方式，以及开发和改进劳动力的技巧应用水平的方式
陈劲（1994）	产业从技术引进到形成自主创新能力的过程
Hobday（1995）	企业获得外部知识并积累技术能力以改进其竞争优势的过程
Kim（1997）	获取并吸收现有知识，更重要的是创造新知识
Kim Linsu（1998）	技术能力的构建和累积过程
谢伟（1999）	组织利用内部和外部有利条件，获取新技术的行为；形成和提高技术能力的过程
赵晓庆（2003）	从企业外部知识环境搜索和获取对企业有用的技术知识，进行消化吸收，将其纳入自己的技术轨道或重建技术轨道，从而增强组织整体技术能力的过程
P.N.Figueiredo（2002，2003）	一是技术能力累积的轨迹或路径；二是个体获得技术知识，以及个体知识与组织知识之间的相互转化过程

上述学者对于技术学习的定义没有本质的区别，都是指技术能力提高的过程。综合以上观点，可以把技术学习定义为集成内、外部技术资源，吸收现有知识，以提高技术能力并创造新知识的过程。

技术学习具有目的性、风险性、知识隐性、路径依赖性、复杂相关性和境内外机构互动性等特点[27]。Bell 和 Pavitt[28]（1993）认识到了技术学习的几个重要特征：①学习通常是成本高昂的，技术积累不是一个自动的生产过程；②企业是技术学习的主体；③学习是一个积累过程；④很多技术学习涉及隐性知识；⑤发展中国家对新技术的消化吸收需要一个很长并且有风险的学习过程，后来者可能在这个学习过程中投资不足。

由以上分析可以看出：①技术学习是一个有目的的主动学习过程，而不是自然和自动的行为，在技术能力积累的过程中，技术学习与传统的被动学习不同，有目的、有计划地学习对技术能力的培育非常关键。②技术学习是整合不同维度学习的集合体。在技术学习的过程中，至少应该包含三个维度的学习活动：个人学习与组织学习（Nonaka 和 Takeuchi[29]，1995；Simpson et al[30]，2002）；隐性知识与显性知识的积累与相互转化；内部知识获取与外部知识获取。Spender[31]（1993）认为显性知识和隐形知识的相互转化是技术学习和技术能力积累过程中的关键环节。

1.2.2.3 对技术学习来源的研究

（1）战略层面在技术学习的来源方面，Franco Malerba[32]（1992）认为，企业技术学习的知识源可以分为内部知识源和外部知识源。内部知识源主要是指企业内部的组织模式、组织制度、生产活动和R&D活动等；外部知识源是指产业内从其他厂商或部门获得知识的来源，主要有上游的供应商和下游的购买者、竞争者、科研部门、高等院校、政府机构及其他社会组织。Hobday[23]（1995）将技术学习视为企业获取技术的过程，认为发展中国家可以采用多种方法来获取国外技术，如技术许可、设备购买、分包、国外直接投资等。Kim[25]（1997）强调学习随着时间的变化存在三类来源，分别是国际社区、国内社区及企业层面的内部活动。

于惊涛[19]对外部技术来源的研究综述进行了整理（见表1-6）。从表中可以看出，合资研发、企业联盟、共同开发、技术授权等都是企业外部技术获取的重要来源。

表1-6 不同学者对外部技术来源的分类

学者	年代	提出的外部新技术获取的主要模式
Friar 和 Horwitch	1986	并购、合资研发、技术授权
Ford	1988	合资研发、合同外包、技术授权、产品或设备采购
Hagedoorn	1990	研究外包、共同开发
Helleloid 和 Simonin	1994	组织外部辅助研发、自公开市场购买、企业联盟、并购

续表

学者	年代	提出的外部新技术获取的主要模式
Leonard Barton	1995	并购、合资、授权、共同开发
Tsang	1997	并购、合资研发、技术授权、设备购买、技术合作
Bonaccorsi 和 Piccaluga	1997	非正式的个人联系、正式的个人联系之第三方关系、正式的有针对性的安排、正式的非针对性的安排、创新聚集
Khalil	2000	合资研发、研究外包、技术授权、技术买断
Rubenstein	2000	技术授权、合资研发、优先研发合作、合同研发、购买嵌入设备、材料中的技术、咨询、并购小企业、引进人员
Phillips	2001	技术引进、合资、租用、反求工程、设备采购、孵化器
郭斌、许庆瑞	1999	联合开发、技工贸一体化、窗口模式、反求工程、中介模式
吴贵生	2000	商品交易型、供方推销型、需方寻求型、供需合作型

技术学习的目的在于提高技术能力并实现新的技术创新。与企业内部知识源相对应的是自主创新，与企业外部知识源相对应的是技术引进型创新，两者的结合出现了基于内、外资源集成的自主创新。分别有学者对三种不同技术创新形式相对应的技术学习来源进行了分析（见表1-7）。

表1-7　不同技术创新模式下的技术学习来源

技术创新模式	作者	技术学习来源
基于自主创新（企业内部）	傅家骥、姜彦福和雷家骕（1992）	通过创新进行学习
基于技术引进（企业外部）	司春林（1995）	从国外引进技术进行学习
	Amsden（1989）	技术学习开始时期，主要从国外引进技术进行学习
	Hobday（1995）	通过引进外国直接投资、成立合资企业、购买技术许可证、OEM
自主创新与技术引进相结合（内外资源集成）	陈劲（1994）	技术引进和自主创新可能并存
	路风、封凯栋（2005）	技术引进与自主创新不是对立的，必须同时存在

（2）操作层面。从具体操作方法来看技术学习的来源，主要有干中学、用中学、通过雇用来学习、通过模仿来学习、通过搜索来学习、从技术进步中学、从产业间竞争的溢出中学习、通过培训来学习、通过交互作用来学习、基于联盟的学习、通过创新和研究开发来学习、通过共享学习等[33]（见表1-8）。

表1-8　目前已提出的技术学习来源

学习来源	研究者和时间	知识来源
干中学（Learning by Doing）	Arrow（1962）	与生产活动相关
用中学（Learning by Using）	Rosenberg（1976，1982）	与产品、机器和投入的使用相关
通过雇用来学习（Learning by Hiring）	Bell（1984）	通过雇用其他企业人员来学习知识
通过模仿来学习（Learning by Imitating）	Dutton和Thomas（1984）	主要集中于对企业外竞争对手的产品或工艺的学习
通过搜索来学习（Learning by Searching）	Nelson和Winter（1982）；Sahal（1982）；Dosi（1988）	主要集中于产生知识的规范化活动，如研究和开发
从技术进步中学（Learning from Advance S&T）	Kline和Rosenberg（1986）	吸收科技的新发展知识
从产业间竞争的溢出中学习（Learning from Inter-Industry Spillover）	Nonaka和Takeuchi（1988）	对于竞争者溢出的知识或信息的学习可以提高效率
通过培训来学习（Learning Through Training）	Enos和Park（1988）	通过内外部培训来提高整个企业的知识存量
通过交互作用来学习（Learning by Interacting）	Von Hippel（1987）；Lundvall（1988）	与价值创造链条中的上下游企业或竞争对手合作

续表

学习来源	研究者和时间	知识来源
基于联盟的学习（Learning by Strategic Alliances）	Hagedoorn（1994）；Lei, Slocum 和 Pitts（1997）	与其他企业结成战略联盟来学习
通过创新和研究开发来学习（Learning by Innovation and R&D）	Cohen 和 Levinthal（1989）；Kim Linsu（1997）；Hobday（1995）	通过内部的创新和研究开发来学习新知识
通过共享学习（Shared Learning）	Adler（1990）	企业内部部门间的学习

1.2.2.4 对技术学习模式的研究

国内学者（包括在海外的中国学者）在关于中国企业技术学习模式的研究领域已经取得了显著的进展。在科技高度发展、知讯快速传播、经济全球化的今天，从不同角度定义的技术学习模式是大不相同的，具有不同的实施基础和迥异的过程特点。组织只采用某种固定的技术学习模式是不可想象的。当今的技术学习模式必定是多元的、是相互协同的。不同的标准将有不同的对技术学习模式的划分。

（1）企业生命周期与技术学习模式选择。缪仁炳[34]（2006）的研究表明，在企业创业阶段，主导的技术学习模式主要有模仿学习、师徒学习、拷贝式学习等多种主导模式；在企业成长阶段，技术学习模式不断提升，主要有干中学、雇用学习、通过搜索学习、在交互作用中学习等多种主导模式；在规范化发展阶段，企业技术学习模式提升为基于联盟学习、通过购并（投资）学习、研究开发学习等多种主导技术学习模式（见表1-9）。

表1-9 企业不同发展阶段的主导技术学习模式

企业发展阶段	主导的技术学习模式
创业阶段	模仿学习、师徒学习、拷贝式学习、从失败中学习

续表

企业发展阶段	主导的技术学习模式
成长阶段	干中学、雇用学习、通过搜索学习、在交互作用中学习
规范化发展阶段	基于联盟学习、通过购并（投资）学习、研究开发学习

(2) 技术生命周期与技术学习模式选择。从认知的角度，Argyris[35]（1990）将技术学习的分成单环学习和双环学习模式。后来的学者将其扩展为适应性学习和创造性学习。Meyers[36]（1990）基于技术生命周期各个阶段的特点，将这个模式细分为四类：维持型学习、适应型学习、过渡型学习和创造型学习。吴晓波[37]（1995）指出了适应中学习、维持性学习、发展性学习、过渡性学习和创造性学习的模式。

(3) 其他分类标准。关于企业技术学习的模式还有其他一些分类标准（见表1-10）。从学习战略实施的层次可以分为国家层次的技术学习模式、产业层次的技术学习模式和企业层次的技术学习模式；依据技术进步的实现程度可以分为追赶式技术学习模式和跨越式技术学习模式；从学习涉及的组织边界范围可划分为联盟中学、集群中学和网络中学等不同模式；而不同的行业在学习过程中采用的模式亦明显呈现自身的特点。

表1-10 其他分类标准下的技术学习模式

分类标准	技术学习模式
学习战略实施的层次	国家层次的技术学习模式、产业层次的技术学习模式和企业层次的技术学习模式
技术进步的实现程度	追赶式技术学习模式和跨越式技术学习模式
学习涉及的组织边界范围	联盟中学、集群中学和网络中学等不同模式

(4) 实证研究。部分学者通过实证对中国企业技术学习的微观机制进行了实证研究，如Lu等以北大方正为对象，研究了以自主研发为基础的技术学习机制[38]；魏广杰等[39]以格兰仕为实例，研究了以加工贸易为基础

的技术学习机制等。谢伟[26]对我国企业技术学习的实证研究进行了归类（见表1-11）。

表1-11 关于中国企业微观技术学习机制的实证研究

技术学习模式	研究者	研究对象
以自主研发为基础的技术学习机制	Lu（2000）	北大方正
	路风，慕玲（2003）	VCD播放机企业
以加工贸易为基础的技术学习机制	魏广杰（2006）	格兰仕
以合资企业为基础的技术学习机制	穆荣平（1997）	上海大众
	何玄文，张学鹏（2006）	一汽大众
以资本进口为基础的技术学习机制	赵晓庆（2001）	西湖电子、长虹、东方通信等企业
以许可证技术引进为基础的技术学习机制	Shi（1998）	四个录像机企业
资本进口和自主开发两种机制上的技术学习	Shen Xiaobai（1999）	程控交换机产业
以技术并购为基础的技术学习机制	魏江等（2002）	多个企业案例
以产学研合作为基础的技术学习机制	Zhou 和 Tang（2002）	产学研合作企业
以整合国内外技术资源为基础的技术学习机制	Lu（2000）	联想集团

1.2.2.5 对技术学习能力的定义

国外学者从不同角度对技术学习能力进行了界定，可以分为结构学派、过程学派、资源学派三个方面（见表1-12）。

表1-12　技术能力的定义与分类[40]

学派	作者	定义
结构学派	M.Fransman 和 K.King（1984）	① 寻找、引进技术的能力； ② 实现从投入到产出的转换能力； ③ 适应当地生产能力； ④ 局部创新能力； ⑤ R&D 投资的能力； ⑥ 基础研究并提高改进技术的能力
	Westphal，C. Dahlman（1982）；L. Kim（1997）	投资能力，创新能力，生产能力
过程学派	Stewart（1981）	一种独立作出技术选择、适应、改进已选择的技术和产品，并最终内生地创造新技术的能力
	Desai（1984）	购买技术、生产运作、复制与扩展创新的能力
	Lall（2000）	有效购买、使用、适应、改进与创造技术的能力
资源学派	Pavitt（1992）	产生和管理技术变化所需的资源，这些资源包括引进的外国技术，在学习、培训和研究上的投资，激励创新和模仿的经济手段，鼓励公司重视技术积累的制度与政策

1.2.2.6　对技术学习过程与路径的研究

Rosenberg 和 Frischtak[41]曾经提出，企业获得的技术并不只是"一项客观的实体"，通常还是隐藏在企业内部难以表达清楚的知识。企业从外部获取的技术的过程，除了书面信息交换之外，无可避免地包含个人特有的技能及专有知识的转移，是一个需要时间、交流与互动、不断尝试错误的过程[42]。Hobday[23]（1995）、Rafael[43]（1998）、Kim Linsu[2]（1997）、谢伟[44]（2001）、赵晓庆和许庆瑞[45]（2002）、Forbes[46]（2001）等提出了技术学习体系的阶段性模型（见表1-13）。

表1-13　对技术学习过程的研究

代表学者	提出的技术学习过程
Hobday（1995）	后发者品牌建立过程中的技术学习模型：OEM - ODM - OBM
Rafael（1996）	三阶段学习模型：程序化学习-能力学习-战略学习
Kim Linsu（1997）	韩国工业化过程中技术学习的引进-吸收-提高的过程
谢伟（2001）	技术引进-生产能力-创新能力的中国彩电工业技术学习模式
赵晓庆、许庆瑞（2002）	技术能力积累阶段：仿制能力学习-创造性模仿能力学习-自主创新能力学习
Forbes（2001）	技术后进企业从追随者到创新者的学习梯度：学习生产-学习效率化生产-学习改进生产-学习改进产品-学习开发新产品-学习开发新技术

Hobday[23]（1995）从发展中国家技术能力提升的角度，提出了一个后发者品牌建立过程中的技术学习模型：OEM-ODM-OBM（Original Equipment Manufacture - own Design Manufacture - own Brand Manufacture）。

Rafael Andreu 和 Claudio Ciborra[43]（1998）从企业核心能力发展的角度出发，提出了一个三阶段学习模型：程序化学习-能力学习-战略学习的技术学习过程。

Kim Linsu[2]（1997）提出引进、吸收和提高（Acquisition，Assimilation and Improvement）的韩国工业化过程中的技术学习路径。

谢伟[44]（2001）提出了技术引进-生产能力-创新能力的中国彩电工业技术学习路径。

赵晓庆、许庆瑞[45]（2001）结合Nonaka 和 Takeuchi[21]（1995）对于知识创造中的知识循环过程模式，总结出技术能力积累阶段的技术学习模式：仿制能力学习-创造性模仿能力学习-自主创新能力学习路径。

Forbes[46]（2001）提出了技术后进企业从追随者到创新者的学习梯度：学习生产-学习效率化生产-学习改进生产-学习改进产品-学习开发新产品-学习开发新技术。

1.2.2.7 对技术学习层次的研究

Carayannis明确指出，技术学习过程是组织性转化过程，是通过个体、团队或组织整体将技术、管理的经验融合在一起从而改进决策机制，并加强对不确定性和复杂性的管理的过程[47]。他还指出，技术学习能够使组织从事更大范围的以技术为基础的战略和活动，有效的技术学习可以通过扩展战略行为的范畴、改进管理能力、选择适合公司环境的战略，从而为公司带来竞争优势[48, 49]。在此基础上，Carayannis提出了技术学习的三层次理论[50]：战略层、战术层和操作层。他认为操作层技术学习主要是通过"用中学"来学习新的东西；战术层技术学习则是学习运用经验，并改进决策模式；战略层技术学习则是学习新战略，完善公司远景。

1.2.3 对国内外相关研究的评述

企业建立研发联盟的出发点是学习和创新。纵观相关文献资料，对企业研发联盟的研究、对企业技术学习的重视不算少见。对企业研发联盟的研究主要集中在阐述研发联盟的重要性、动因和稳定性等方面，对企业技术学习的研究主要集中在概念界定、技术学习来源、技术学习模式、技术学习能力、技术学习过程、技术学习层次等方面。有少数学者在研究技术学习模式时提出基于联盟的学习，但真正将研发联盟与技术学习结合起来展开研究的几乎没有。对联盟关系中的技术学习，特别是研发联盟中的技术学习进行深入研究的很少见。现有的与企业研发联盟和技术学习相关的理论和实证研究还没有形成一个完整的理论体系，还存在如下一些局限。

（1）对国内企业研发联盟研究现状的分析表明，尽管企业战略联盟的重要性与形成动机得到了理论界研究的普遍重视，在联盟中学习成长的重要性也受到广大实践者的普遍认可，但是对其的理论研究还处于初级阶段，尤其对有关涉及研发联盟最本质的技术学习的研究尚显薄弱。所以，将企业技术学习与研发联盟整合起来研究很有必要。

（2）国内学者对中国企业技术学习过程的探讨目前主要集中在发展中国家从技术引进到形成自主创新能力的过程中，经典模式几乎都是基于"引进消化再吸收"，从联盟角度、从国内创新主体合作互动来对企业技术学习的系统研究尚不多见，对技术学习本身的重视和研究不够；同时，现有的关于技术学习的研究大都局限于单个企业主体，少有从跨组织的联盟、跨组织的技术转移和博弈关系来研究企业的技术学习行为。

（3）缺乏企业研发联盟技术学习的理论研究框架，深入系统的研究还没有突破性的成果；缺乏对企业研发联盟技术学习过程内在的机理、障碍、运作过程、竞合博弈、学习模式的讨论和分析。

（4）在实证研究方面，个案研究多，群体案例研究少；典型案例研究多，普遍规律总结少；对某一特定微观对象的研究多，宏观整体的统计分析少。

已有的关于企业研发联盟和技术学习的研究成果为后继研究打下了坚实的基础，而未来的研究也应尽量避免已有研究中出现的问题。上述研究缺陷的克服不可能一蹴而就，是一个需要诸多学者长期努力的过程。现阶段，我国企业研发联盟技术学习的研究可以在以下几个方面展开：①改变一味强调引进国外先进技术的观念，加强对国内创新主体之间通过研发联盟技术学习自主创新的研究，如同行业竞争对手之间、供应链上下游企业之间、产学研之间；②加强对企业研发联盟技术学习的机理、效应与模式的研究；③加强对企业研发联盟技术学习中竞合关系的研究；④加强对企业研发联盟技术学习中从知识共享、知识交流到知识创造、知识创新的过程和衔接关系的研究；⑤加强对企业研发联盟技术学习的群体案例归纳分析和定量研究。这些正是本书研究所要解决的主要问题。

1.3 研究内容与研究方法

1.3.1 研究内容

本研究的内容安排如图1-2所示。

第1章 导论。介绍研究背景、明确研究问题、阐释研究意义、概括研究现状，在此基础上拟定全书分析框架、研究思路与方法。

第2章 企业研发联盟技术学习的理论基础。综合运用战略联盟理论、组织学习理论、资源基础理论、交易成本理论、社会资本理论、知识管理理论等知识对企业研发联盟技术学习的原理展开探讨，为本研究提供理论依据。

第3章 企业研发联盟技术学习的机理研究。阐明企业研发联盟技术学习的内涵、特征、原则，分析企业研发联盟技术学习的对象、内容、层次，探讨企业研发联盟技术学习的动力机制、影响机制、制约机制、运行机制和管理机制。

第4章 企业研发联盟技术学习的竞合博弈分析。从交易成本、资源基础、博弈理论的视角阐述企业研发联盟技术学习中的竞合效应，分析联盟伙伴竞合关系的类型和决定因素，以双边联盟为例建立技术共享与技术保护的博弈模型来分析不同信任程度下的策略选择，并分析技术合作与学习的联盟整体效应。

第5章 企业研发联盟技术学习的3P模式分析。提出基于研发平台（Platform-based）、基于研发项目（Project-based）和基于人才培养（People-based）的三种研发联盟技术学习模式，分析不同模式下的具体方式方法，并给出相应的案例分析。

第6章 企业研发联盟技术学习的M-SECI模型。在野中郁次郎知识转移SECI模型的基础上，提出企业研发联盟跨组织技术学习的M-SECI模型；对M-SECI模型的四大要素：知识共享（Sharing）、知识交流（Exchange）、知识创造（Creation）、知识集成与创新（Integration and Innovation）进行解析，对四个要素的相互衔接展开探讨；建立 M-SECI 粗集过程模型，并作实例分析。

第7章 中国企业研发联盟技术学习的实证分析。全面搜集中国企业研发联盟技术学习的数据，进行宏观归纳分析和统计分析；构建中国企业研发联盟技术学习案例库，展开群体案例分析和典型案例分析；通过问卷调查和实地访谈展开多元统计分析，挖掘企业研发联盟技术学习各影响要素间的相互关联。

第8章 全书总结与展望。总结全书研究的主要成果、归纳全书创新点、并指出研究存在的不足及下一步研究建议。

通过上述研究，试图进一步认识企业研发联盟技术学习的内在机理、模式与效应，以及联盟伙伴之间的潜在关系，从而构建一套完整实用的企业研发联盟技术学习研究体系，希望对处于发展中的我国企业研发联盟技术学习提供新的理论视角和实践参考。

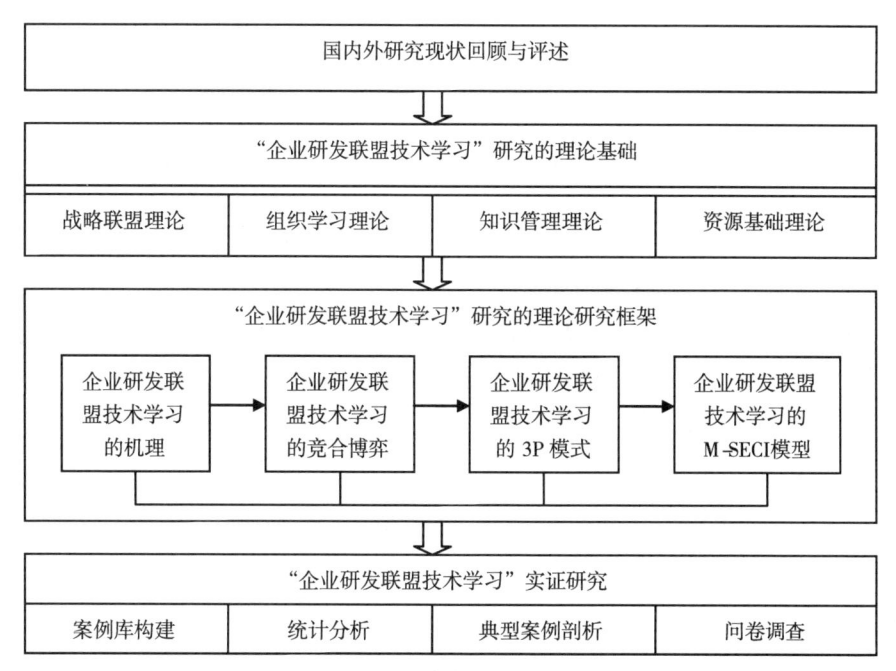

图1-2 本书研究内容

1.3.2 研究方法

本书将融合管理学、社会学、经济学的方法，注重理论与实际相结合、规范研究与实证研究相结合、定性研究与定量研究相结合。研究的技术路线如图1-3所示。理论研究方法包括文献分析法、历史研究法、归纳演绎法、博弈论分析法、静态分析与动态分析法；实证研究方法包括问卷调查法、实地访谈法、群体案例分析法、典型案例剖析法、多元统计分析法、多维关联分析法。下面介绍几种主要的研究方法。

（1）文献分析法。系统地分析、整理国内外的文献资料，进行综合比较分析，总结前人的研究成果，找到研究中的空白点，提出新的研究角度和思维方式，作为本研究的理论背景。

（2）归纳演绎法。本书以战略联盟理论、组织学习理论等为理论基础，运用归纳和演绎的分析方法，对企业研发联盟技术学习的机理进行了研究，归纳企业研发联盟技术学习的影响因素和障碍因素。

（3）博弈论分析法。针对企业研发联盟技术学习中的竞合关系，构建技术共享与技术保护的决策模型，以分析不同信任程度下的策略选择；并通过技术学习前、后收益函数的比较证明了技术学习对联盟整体的正和效应。

（4）静态分析与动态分析法。本书在研究过程中，注重静态分析方法和动态分析方法的有机融合，如在对企业研发联盟技术学习的M-SECI模型进行研究时，既关注了静态的数据库、知识地图等媒介，又运用粗集过程模型对M-SECI要素的动态演化过程进行了研究。

（5）基于粗糙集理论的数据挖掘分析方法。运用粗集过程模型对企业研发联盟技术学习M-SECI模型的四要素知识共享、知识交流、知识创造、知识集成与创新进行决策模拟。

（6）问卷调查法。调查问卷是社会学研究方法中一个获取信息的常用方法。问卷调查是研究者把研究问题设计成若干具体问题，编制成书面的问题表格，交由调查对象填写，然后收回整理分析，从而得出结论的一种研究方法。作者借助问卷调查对理论分析加以佐证。

（7）访谈调查法。通过对部分典型企业（如东风汽车、科益药业、上汽通用五菱等）联盟管理人员的深度访谈，获取本研究所需要的第一手数据和资料。

（8）多元统计分析。在对调查问卷数据整理、分类的基础上，对企业研发联盟技术学习的影响因素进行了因子分析；通过数据挖掘分析研究变量之间的潜在关系。

```
                ┌─────────────────────────────┐
                │ 文献调研、归类、分析  文献分析法 │
                └─────────────┬───────────────┘
                              ▼
       ┌──────┬───────────────────────────────────────────┐
       │      │ 企业研发联盟技术学习的基本理论   历史研究法  │
       │ 理   ├───────────────────────────────────────────┤
       │ 论   │ 企业研发联盟技术学习的机理     归纳演绎法   │
       │ 研   ├───────────────────────────────────────────┤
       │ 究   │ 企业研发联盟技术学习的竞合博弈 博弈论数理模型│
       │ 方   ├───────────────────────────────────────────┤
       │ 法   │ 企业研发联盟技术学习的模式   归纳演绎法、理论与│
       │      │                              实证相结合的方法│
       │      ├───────────────────────────────────────────┤
       │      │ 企业研发联盟技术学习的M-SECI模型 静态分析与动态│
       │      │                              分析法、粗集过程模型│
       └──────┴───────────────────────────────────────────┘
                              ▼
       ┌──────┬──────────┬────────────────────┬──────────┐
       │ 实   │ 案例库构建│→ 群体案例分析      │ 实证     │
       │ 证   ├──────────┼────────────────────┤ 分析     │
       │ 分   │ 问卷调查 │→ 统计分析（SPSS）  │→结果和   │
       │ 析   │          │  多维关联分析      │ 结论     │
       │ 方   │          │  （Markway）       │          │
       │ 法   ├──────────┼────────────────────┤          │
       │      │ 实地访谈 │→ 典型案例剖析      │          │
       └──────┴──────────┴────────────────────┴──────────┘
                              ▼
                ┌─────────────────────────────┐
                │ 总结与展望            归纳法 │
                └─────────────────────────────┘
```

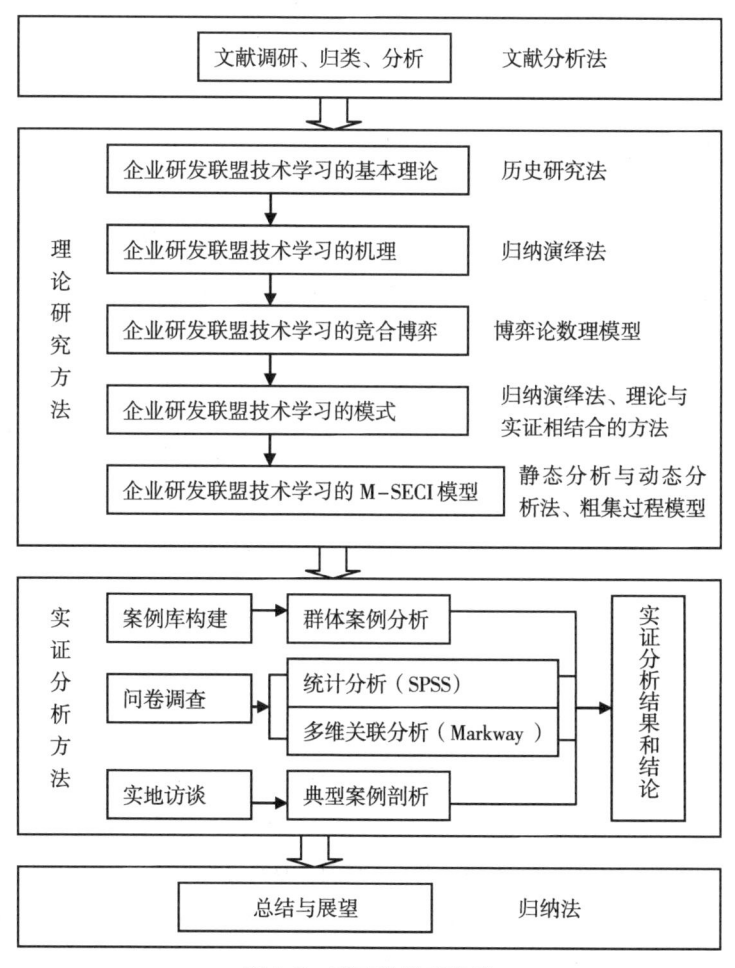

图1-3 研究的技术路线

第2章 企业研发联盟技术学习的理论基础

2.1 战略联盟理论

2.1.1 战略联盟的界定

战略联盟的概念最早由美国DEC公司总裁简·霍普兰德和管理学家罗杰·奈格尔提出。作为一种企业制度创新和组织创新，近年来，战略联盟引起了理论界的广泛关注，国内外学者从多方面进行了研究。

2.1.1.1 中间组织论

从客观实践上来看，战略联盟是介于一般市场交易关系和企业一体化之间的中间组织（见图2-1），是市场"看不见的手"和企业内部"看得见的手"的牵手。

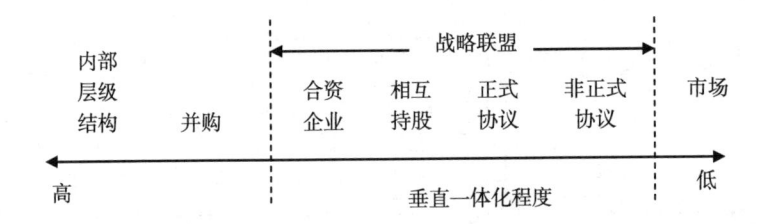

图2-1 战略联盟：市场和企业间的中间组织

资料来源：Peter Lorange, Johan Roos. Strategic Alliance—Formation, Implementation and Evolution. Cambridge: MA: Blackwell Publishers, 1993.

Porter 和 Fuller[51]（1986）从市场和公司间的一体化程度对联盟进行界

定，对联盟的组织性质进行了研究，认为它是介于市场与企业间的某种交易方式，是公司之间达成的，既超出正常的市场关系又没有达到合并程度的长期联合协议。Osborn 和 Baughn[52]进一步揭示了其中间组织的性质。蔡兵[53]运用交易成本经济学的中间组织理论，提出企业强强联合在稳定企业合作关系及作为企业规模扩大的替代方案方面具有重大意义。

2.1.1.2 竞合关系论

Sierra[54]（1995）等认为联盟是竞争对手之间的强强联合（见表2-1）。

表2-1 从竞合角度对战略联盟的界定

学者	战略联盟定义
Sierra（1995）	战略联盟是平时本是竞争对手的公司组成的企业或伙伴关系，是竞争性联盟
Charles Hill	战略联盟是实际的或潜在的竞争者之间的合作协定
Contractor（1988）	战略联盟的联合经常是规模实力大致相等的，双方作出的贡献是类似的而不是互补的
Culpan（1993）	跨国公司之间为追求共同的战略目标而签订的多种合作安排协议，包括许可证、合资、R&D联盟、合作营销和双方贸易协议等

资料来源：Peter Lorange, Johan Roos. Aliance—Formation, Implementation and Evolution. Cambridge: MA: Blackwell Publishers, 1993.

2.1.1.3 资源互补论

竞合关系论忽视了战略联盟中的互补作用。Das 和 Teng[55]基于资源基础理论认为一个企业资源的不可流动性、不可模仿性和不可替代性程度越高，其他企业与之结成战略联盟的可能性越大。Hagedoorn[56]提出高科技战略联盟形成的原因在于高科技企业之间基于资源的相互依赖性，高科技行业稀缺的、难以替代的资源是技术创新的能力，因此高科技企业形成战略联盟的目的是获得互补的技术创新能力。我国学者陈佳贵[57]（2000）对战略联盟的定义进行了修正，他指出："战略联盟是指两个或两个以上有着对等经营实力的跨国公司之间，出于对整个市场的预期和企业总体经营目标、经营战略的考虑，为了达到共同拥有市场、共同使用资源和增强价值优势等目的，通过各种协议而结成的优势互补、风险共担的松散型组织"。我国经济学家张维迎教授同样认为，企业联盟是企业间为实现资源互补，在研发、生产、销售等方面相对稳定、长期的契约关系。

此外，蒂斯（Teece，1992）、多兹等（Doz, Yves, Hamel 和 Gary, 1998）从合作伙伴的角度，斯图亚特（Stuart, 1998）从资源集合体的观点，格拉特（Gulati·Ranjay, 1998）等学者从社会网络方面，纷纷给战略联盟下了各自的定义[58]。

综合以上观点，本书借鉴文献[59]中的观点认为，战略联盟是由两个或两个以上的企业，为实现资源共享、风险或成本共担、优势互补、扩大市场等战略目标，在保持自身独立性的同时，通过股权参与或其他协议而结成的松散的合作竞争组织。而研发联盟，特指在研究开发阶段发生的联盟关系。

自2000年起，对企业战略联盟的研究日渐增多。通过检索有关专著、学术期刊网、学位论文库，发现在此领域一批研究成果已经形成，涉及战略联盟的形成机理、运作机制，联盟中的互动学习，联盟的组织形式，联盟中的信任与文化冲突，联盟风险和稳定性等问题。

2.1.2 战略联盟形成动机

2.1.2.1 传统动机

组建战略联盟的传统动机包括获取当地合作伙伴的市场知识、资源驱动、建立政府关系、获得规模经济、共担风险、技术共享、技术资金和低成本原材料或劳动等。国外学者对于战略联盟形成的动因进行了大量的实证研究。Faulkner[60]将形成联盟的动机分为内部动机和外部动机，内部动机包括取得特殊的资产或能力、最小化成本、获得市场和分散财务风险等，外部动机包括全球化或区域化的发展、国际市场的动荡和变化无常、为适应技术的飞速变化及产品生命周期的缩短对资金的大量需求等。美国学者P·马里蒂和R.H.斯密里曾对1980年欧洲新闻界报道的70项国际合作协议进行了追踪调查,认为战略联盟形成的内部动因主要来自以下几个方面:技术转移占29%,技术互补占41%,市场销售占21%,规模经济占16%,风险分散占14%。在不同时期、不同行业形成战略联盟的动力可能都是不一样的[61]。

Glaister 和 Buckley[62](1996)发现:获得互补资源才是公司形成联盟的主要原因。美国的坎特(Kantel,1999)认为:"得到另一个组织提供的好处而不承担风险和责任是企业建立战略联盟的最终动力"(韩铀岚[63],2000)。Garcia Pont 和 Nohria[64](1999)则提出:企业加入战略联盟是为了维持与竞争对手的良好关系。

我国学者方面,简汉权、李恒[65](1999)用非零和合作博弈观点讨论了战略联盟的潜在驱动力量和战略联盟的形成机制。汪涛、李天林、徐金发[66](2001)从资源使用的扩张、资源使用的多元化、资源的模仿和资源的配置等方面揭示了战略联盟的形成动因,并就储备层资源和使用层资源及各动因组合分析了战略联盟的最佳选择模式。黄映辉基于信息不对称,运用产品成本博弈模型讨论了非诚实型和诚实型企业定价策略,分析了联盟形成的动因。

2.1.2.2 学习动因

21世纪以来,随着知识经济的崛起、技术的飞速发展和网络竞争的加速,迫于竞争压力,越来越多的企业希望能通过联盟学习一种新的经营方式,学习其他企业的技术诀窍(Know-how)和某些能力,以便能对市场需求、新技术和新工艺、新的更完善的商务模式等具有更好的洞察力。学习驱动日益成为许多企业缔结联盟的首要动机,研发联盟和技术性联盟逐渐成为企业战略联盟的主流。

Kogut[67](1988)早就指出,企业建立合作联盟是为了学习对方的组织知识,即该企业所专有的组织惯例或技能,这种知识为隐性知识,只有通过合作联盟才能够取得。Hamel 和 Prahalad[68](1998)研究发现合作伙伴相互学习对方的知识是企业建立联盟的重要目的与动机。Baum,Calabrese 和 Silverman[69](2000)从战略与资源的需要角度提出企业加入战略联盟是为了学习新的技能。Badaracco也认为企业间隐性知识无法通过市场交易来获得，必须通过合作联盟的方式。Gulati和Gargiulo[70]（1999）认为，联盟组织间强大的关系资本能为联盟双方提供学习渠道。Simonin[71]（1997）建立了一个公司从战略联盟中学习的模型，提出用联盟知识学习改善绩效的方法。企业战略联盟动机的演变如图2-2所示。

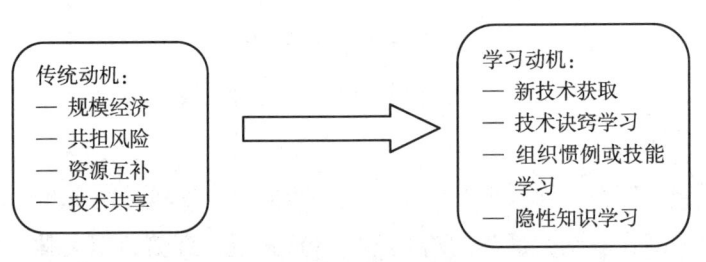

图2-2 企业战略联盟动因的演变

2.1.3 战略联盟类型和结构模式

战略联盟的类型多种多样，根据不同的标准可以对战略联盟进行不同的分类（表2-2）。基本上来讲，可以根据联盟合作对象和合作方式来对其进行有效的划分。

表2-2 企业战略联盟的分类

学者	分类标准	联盟类型
迈克尔·波特（1986）	联盟对象	纵向联盟、横向联盟
G. Aomel和C. K.Prahalad（1995）	联盟对象	垂直联盟、水平联盟
David. Fauckner（1996）	合作范围	集中型战略联盟、复杂型战略联盟
	股权	合资型战略联盟、合作型战略联盟
	合伙人数量	双伙伴战略联盟、财团型战略联盟

续表

学者	分类标准	联盟类型
Shantanu 和 Allen（1997）	合约内容	合约内容、许可联盟、营销联盟
Bernard. L. Simonin	合作紧密度和合作范围	非正式合作、契约性协议、合资、股权参与、国际联合
巴兰森	联盟主体地位差异	互补型联盟、互惠型联盟
P. Lorange（1993）	联盟组建动因	联合研制型、资源补缺型、市场营销型
Gulati R（1995）	是否有股权参与	股权式战略联盟、非股权式战略联盟

迈克尔·波特[72]（1986）在其论著《竞争优势》中把战略联盟分为两种形式：纵向联盟和横向联盟。Yoshino 和 Rangan[73]（1995）对战略联盟的类型、性质进行了研究；Hamel 和 Prahalad[68]也作了类似的划分：垂直联盟和水平联盟。

戴维·福克纳（David Fauckner[74]，1996）根据合作范围、股权和合伙人数量三个指标，对战略联盟作出了分类。具体包括集中型战略联盟与复杂型战略联盟、合资型战略联盟与合作型战略联盟、双伙伴战略联盟与财团型战略联盟。

虽然也是将联盟分为三种类型，Shantanu 和 Allen（1997）却是按照合约内容将其进行划分：一是合资联盟，指由不同企业的互补资源组合而成的新的经营实体；二是许可联盟，指一个企业向另一个企业出售创新技术的使用权，也就是许可证交易；三是营销联盟，指一个企业负责另一个企业新产品的营销或分销。

伯纳德·L.赛蒙因（Bernard. L. Simonin[75]）根据联盟合作双方的紧密程度和合作范围将联盟分为五种形式：非正式合作、契约性协议、合资、股权参与、国际联合。

世界银行经济学家巴兰森教授按照联盟企业的主体地位差异，将联盟分为互补型联盟和互惠型联盟。其中，互补型联盟被认为是战略联盟的高级阶段，多存在于发达国家的跨国公司之间，而互惠型联盟一般被认为处在低级阶段，往往是跨国公司克服进入东道国壁垒的一种战略性选择。

美国学者P. Lorange[76]（1992）根据战略联盟组建的动因，将战略联盟分为联合研制型、资源补缺型和市场营销型三种（见图2-3）。

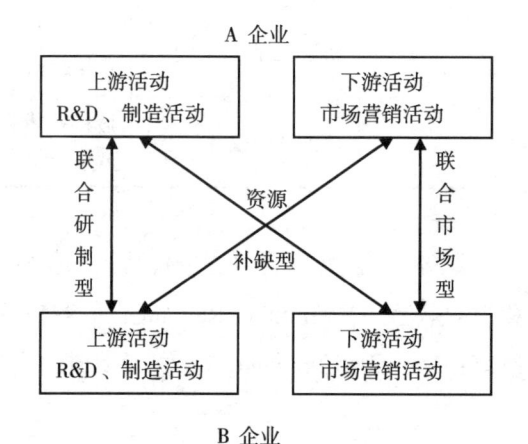

图 2-3 Lorange的战略联盟分类

资料来源：Peter Lorange, Johan Roos. Strategic Alliance-Formation, Implementation and Evolution. Cambridge: MA: Blackwell Publishers, 1992.

为了更好地组织这些数量众多的联盟模式，很多学者对战略联盟的结构模式进行了进一步的划分。目前，最普遍的以是否有股权参与为标准，将战略联盟的结构模式划分为两大类：股权式战略联盟和非股权式战略联盟（Gulati R[77]，1995）。股权式战略联盟涉及权益的创造或转移，它主要采用合资和参股式战略联盟这两种形式（Killing J P, 1988）[78]。在非股权式战略联盟中，合作伙伴之间通过签订契约性协议而不是以股权参与的形式来进行合作。

Gatignon和Anderson[79]（1986）研究了特定交易资产和外部非确定性、

内部非确定性等对联盟进入模式选择的影响。Johnson 和 Vahlne[80]（1990）想证明可感知的风险不确定性是企业选择联盟进入模式的函数。他们在提出了关于国际化理论的同时，还提出了进化过程概念，企业在这个过程中从出资向合资和独资子公司过渡，在此过程中所感知的风险随着经验的积累逐步减少。

Mowers[81]（1996）进一步将非股权式战略联盟分为单边合同联盟和双边合同联盟。单边合同联盟具有明确的所有权转移，各企业独立执行各自的义务，没有太多的协调与合作，合作伙伴间的整合水平相对较低。许可经营、分销协议等都属于单边合同联盟。在双边合同联盟中，合作各方存在持续的所有权，参与合作的各方需要进行持续的长期合作。联合研发、联合生产、联合营销、供应合作协议等都属于双边合同联盟。

Das 和 Teng[82]（2000）从资源组合角度对战略联盟的结构模式选择偏好进行了研究，他们认为企业投入联盟的资源类型是决定战略联盟结构模式选择偏好的关键因素。

综合以上观点，本书作者建立了如图2-4所示的战略联盟类型体系。

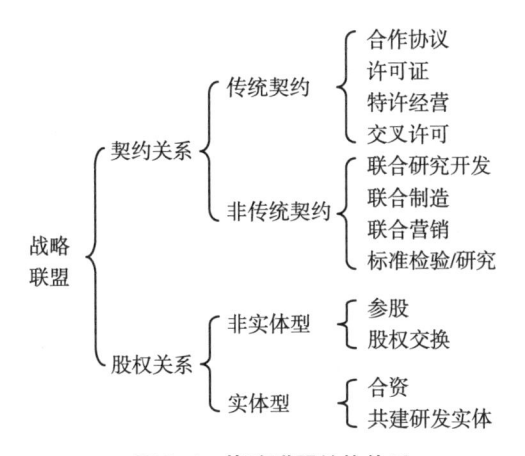

图2-4 战略联盟结构体系

2.1.4 战略联盟的风险、不稳定性和失败原因

大量的经验事实和统计数据表明：企业战略联盟的长期发展存在不稳定性的问题，即建立的企业联盟多，但联盟持续的时间不长，联盟的稳定性较差，失败的企业联盟也很多。大量的研究表明战略联盟的形成在20世纪八九十年代增长很快，但战略联盟的失败率和终止率却非常高。斯皮克曼等（1996）、库克和威德曼（1997）及达塞因和海特（1997）认为战略联盟的失败率高达60%，威德曼（1998）甚至给出了70%的更高失败率的估计。而库柏和利伯约德（1998）、布鲁塞斯等（1997）、都摩（1994），以及布利克和艾鲁斯特（1993）等则预测战略联盟失败率为50%。还有很多研究将战略联盟与正式的组织，如全资子公司进行比较，发现战略联盟更不容易成功和更不稳定。尽管联盟失败率的各种估计不同，但从总体上看，战略联盟确实存在一个高失败率的问题，其失败率在50%~60%之间。

国内外已经有一些学者从不同的角度对战略联盟的稳定性问题进行了研究（表2-3）。

表2-3 联盟不稳定性的理论解释及其缺陷

理论基础	联盟不稳定性的解释	缺陷
关系合同理论	联盟本质上是一种关系合同，缺乏相互信任会导致联盟陷入困境	缺乏信任不能解释大多数联盟的不稳定性，毕竟一些没有合作经历的联盟也会取得成功
交易成本理论	机会主义行为难以控制	可能性：有效市场、企业声誉机制的建立，能够阻碍机会行为
博弈论	欺骗的得益可能高于合作收益	关于重复博弈的研究表明合作可能是各方的最佳策略
资源依赖理论	当一些企业从合作伙伴那里获得所需资源后，预示着联盟即将终止	某些关键资源是难流动、不可模仿的，资源的转移因此可以是不可能的

续表

理论基础	联盟不稳定性的解释	缺陷
讨价还价能力论	随着联盟生命周期的演变和伙伴间相互依赖性的动态变化，相对讨价还价能力会发生转变，往往需要重新谈判达成新的协议	联盟协议具有法律约束力，它们实际上可以阻碍拥有更多讨价还价能力的联盟成员重做交易
代理理论	管理层关于联盟的决议应该是有利于经理层的。为了降低补偿/雇用风险，经理倾向于使联盟内在化	当没有一个联盟成员比其他成员更有能力使联盟内在化时，均衡就产生了，联盟便得以持续
战略行为理论	战略联盟有以下好处：降低风险、进入技术和市场、赢得战略优势；不切实际的目标期望和目标差异会加速联盟解散	不切实际的目标期望这一说法比较牵强
过渡理论	因为管理困难，联盟不能执行长期项目；因为联盟具有进化为其他组织形式的倾向，不稳定是自然的	关于这方面的研究是零散的，还没有形成一个理论框架来有效整合这些困难
风险理论	结成战略联盟，企业可以分担绩效风险，但将产生关系风险；战略联盟是企业以承担关系风险为代价，弥补自身资源和能力的不足	忽略了由于企业自身联盟能力问题带来的风险

鉴于联盟在中国的高失败率，国内许多学者从不同角度对联盟解体和失败的原因进行了分析，如陈清泰（1999）、张树义（2004）、蒋国平（2001）、李连英（2004）、许广永（2003）等。单汨源等[83]（2000）提出，战略联盟的稳定性问题其实质是虚拟成员组织之间的相互依赖决策问题，他们根据利益分配结构分析了四种多组织成员的博弈模型，并借助这些模型对战略联盟的稳定性进行了讨论，指出了需注意的问题，并将博弈论的运用从原来分析双方的战略博弈扩展到了分析多成员的合作，从而扩大了博弈论的运用范围。许广永、朱训伟[84]（2004）在分析了企业战略联盟失败的案例后认为，为避免战略联盟失败，就要高度重视战略联盟的真实内涵，把"正和思

想"作为战略联盟的指导思想,并且要增强战略联盟的柔性。李航[85](2006)对企业战略联盟的知识共享风险进行了研究,分析了其表现形式及危害性,从企业泄露核心技术的风险、企业的品牌流失、知识产权被侵犯、关键技术人才流失角度研究,并从宏观层面和微观层面给出了相应的对策。左卫华[86](2006)分析了我国企业战略联盟存在的问题,包括战略的路径依赖性、战略联盟的管理效率低、战略联盟的收益不均衡、战略联盟的不稳定、战略联盟的调控不适度等。孙杰[87](2006)认为,我国企业与跨国公司战略联盟存在伙伴选择、组织形式、合作关系和学习创新四大问题。

综合来看,联盟的不稳定性主要来源于目标差异、信任不足、机会主义、冲突协调四个方面。

2.1.4.1 目标差异

Hafield 和 Pearce(1994)认为,联盟中企业目标的巨大差异会导致联盟关系的不稳定性。企业形成战略联盟可以实现一些目标,例如获得技术和市场、分担风险、实现规模经济和进行合作技术创新等,但是如果联盟中企业的这些目标的实现出现较大的差异,或者合作中实现目标的难度较大,就可能造成联盟的不稳定性。

Geringer、Ramanathan 和 Seth 等利用委托代理理论来解释目标差异带来的联盟不稳定性。委托代理中存在道德风险,有选择的经济行为有时可以通过合作获得好处。因此在合作关系中的代理人可以追逐自己的目标,根据自己的利益选择合作中的行为,导致联盟中存在不稳定性。

Glaister 和 Buckley[88](1996)分析了战略行为理论目标差异带来的联盟不稳定性。战略行为理论说明公司的战略就是使公司获得其竞争对手所没有的竞争优势。根据这一理论,一些潜在的目标可以通过战略联盟来实现,如获得技术和市场、规模经济、降低风险和共同研发等。尽管这些目标解释了联盟的形成,但研究者也发现不切实际的目标期望、与合作伙伴的目标相差较远都是造成联盟不稳定的原因。

Stafford[89]指出合作的各个企业对于在联盟中实现目标经常缺乏耐心,这样联盟的不稳定就是不完善的战略计划及实施的结果。

2.1.4.2 信任不足

Das 和 Teng[90]认为，信任、控制和资源会导致不同的风险，因此应该进行合理的信任、控制和资源的安排。Macneil[91]和 Williamson[92]从关系合同理论的角度来探讨信任缺失带来的联盟不稳定性。他们指出，关系合同理论指出合作伙伴之间的信任是联盟稳定发展的必要因素，联盟中缺少相互的信任就会严重损害联盟的成功。

Lewicki 和 Bunker[93]提出了一个交往双方信任发展的模型，将信任划分为三种类型：以合约为基础的信任、以认知为基础的信任和以认同为基础的信任，他认为随着交往频度和强度的增加，人们之间的信任会逐渐从以计算为基础的信任过渡到以知识为基础的信任，再演变到以认同为基础的信任三个阶段。

2.1.4.3 机会主义

Axelrod[94]从博弈论的角度对联盟的稳定性问题进行探讨。他认为战略联盟中存在囚徒困境。联盟形成后，一些参与者希望通过欺骗或利用合作伙伴获得更大的利益，从而导致战略联盟的不稳定性。

Bucklin[95]从资源依赖的角度研究战略联盟中的机会主义问题。资源依赖理论认为公司依赖于其他公司所拥有的资源，这种依赖程度决定了公司的谈判能力。Inkpen 和 Beamish[96]（1997）指出合作伙伴谈判能力平衡的破坏可能导致联盟关系的巨大变化，甚至终止。这种观点认为公司加入战略联盟主要是为了获得其他合作伙伴的资源，所以一旦获得了它所想获得的资源后，就会减少对合作的努力，甚至突然终止联盟，这正是联盟不稳定性的根源。

Macneil 和 Williamson 从交易成本经济学的角度来探讨战略联盟的不稳定性。他们指出，交易成本经济学强调组织之间的机会主义行为对组织之间关系的负面影响。

2.1.4.4 联盟冲突和联盟风险

Harridan（1988）认为合作伙伴在规模、技术及国籍方面的相似性提高了联盟的稳定性。Sinha 和 Cusumano（1991）将合作伙伴之间的互补性引入对合作研发联盟的研究中。T. K.Das[90]（1996）认为：未来的战略联盟中可能遇到关系和绩效两类风险。关系风险关心伙伴间合作是否融洽；绩效风险假定伙伴间合作非常满意，但联盟没有达到战略目的。

郭军灵列出了技术联盟中合作伙伴选择的一些标准。建议要建立一个包含战略、企业文化、组织管理理论与实践等方面的评估体系，以更好地减少联盟冲突发生的概率。中南财经政法大学吴勤堂指出了应如何对技术联盟中的各种风险作出有效防范，强调要重视对决策风险、管理要素的内在差异风险、技术联盟实施风险、联盟成员企业信息不对称的风险这四种风险的控制。

李东红[97]（2002）研究了企业联盟研发中的风险与防范，他认为联盟研发使企业对资源的配置跨越了企业自身的边界，促进了不同企业知识与能力的相互补充；同时，研发联盟不可避免带来企业自身知识与能力的流失与扩散，并提出了联盟研发风险规避与控制的办法。

2.1.5　战略联盟利益分配

联盟的利润分配是联盟研究的核心问题之一。李红铃提出了企业技术联盟成本的构成公式，分析了企业技术联盟的效益及效益分配模式的多样性等问题。吴宪华根据委托-代理理论研究了当两者联盟面临逃避责任倾向的双向道德风险时，其产出分享合同形式下的利益分配问题。Von Neumann 和 Morgenstern[98]运用函数进行了研究，并基于个体理性和集体理性提出了分配方案。

2.2　组织学习理论

2.2.1　学习的概念及其演变

自古以来，学习是人们日常生活中经常用到的概念。学习是一种普遍存在的现象，当活动主体对他所面对的问题没有完全理解或只掌握处理问题所需的有限的技能时，学习就会发生。西方管理学者在研究飞机制造业的过程中发现了学习曲线现象，进而引入了学习的概念。1936年，Wright在《航空》杂志上发表了在飞机制造工业中发现的学习曲线规律，即就平均水平而言，在飞机制造工业的装配操作中，产出增加一倍，劳动需求大约降低20%。学者们使用"从经验中进行学习"来解释这一现象。当飞机装配工人重复从事某种劳动时，从事的次数越多，则生产率就会越高，结果就是生产单位劳动产品所需要的直接劳动时间减少。我们日常所使用的学习概念，Huber（1991）的定义较为常用，他认为如果某人或者某物通过信息处理，使它潜在行为的范围得到了改变，我们就说某人或某物学习了。

学习的概念进入管理和经济研究领域是20世纪的事情。在组织研究领域，Dodgson[99]（1993）的定义得到广泛接受，他认为学习可以描述为，企业在其文化内，围绕着企业竞争力，构建、增补和组织企业自身知识和惯例的方式。学习和技术创新密切相联。为了建立一个技术进步内生的经济增长模型，Arrow[100]提出了"干中学"（Learning By Doing）思想，认为技术进步可以看作人们不断从其环境学习的结果，通过学习可以提高效率。Arrow的"干中学"思想后来的影响超出了经济学领域，被广泛应用于管理研究和实践领域。Teece[101]将学习定义为一个过程，通过这个过程，重复和试验能使任务完成得更好更快，并可能识别新的产品机会。

组织往往通过两个途径获取新知识：内部学习与外部学习。内部学习是指组织成员在组织边界内创造并传播新知识的学习过程；而外部学习则是"组织边界跨越者"将外部新知识带到组织内部并为内部消化、吸收的学习过程。在现代技术日益复杂和快速更新的环境中，企业必须依赖这两种学习方法互相补充、共同保证企业追踪和跟进日新月异的技术进步。

美国经济学家罗森伯格通过对航空工业的研究，将学习模式的范围进一步扩大，指出学习过程包括企业内部和外部两个方面。其内部学习来自于制造产品的经验，即从"干中学"的过程，其外部的学习则来自使用者随着时间的扩展使用产品的机会。罗森伯格进一步提出"从用中学"的概念，即在耐用品的使用过程当中，人们逐渐理解其功能特征，从而有一个从最终用户的经验中学习的过程。罗斯韦尔在列举产业创新的成功因素时指出，创新是技术诀窍积累的过程，强调内部学习和外部学习的重要性。

瑞士学者梅第奎和齐格提出，建立新产品学习周期需要考虑的学习模式包括：从干中学、从用中学和从失败中学。他们认为从失败中学习来自对新的营销模式的开发、新产品的内涵、新技术的区别，而这些建立在一个或更多早期尝试的基础之上。

发展中国家在技术创新管理过程中更为重视学习的重要性。对此方面的研究，包括金麟洙等针对韩国产业创新过程中的"从模仿到创新"技术学习过程的描述。Hobday[23]在分析相关电子业发展过程的基础上，提出发展中国家技术学习的OEM（定牌制造）-ODM（自主设计制造）-OBM（自有品牌制造）发展模式。Kumar等[102]针对印度尼西亚、尼日利亚、巴西、韩国等国的技术学习展开了实证研究。

中国学者在此方面也进行了深入研究，如陈劲提出的包括干中学、用中学和R&D中学等过程在内的技术引进—吸收—改进—自主创新的学习范式。谢伟基于中国彩电组装企业发展实践，提出的包括干中学、用中学、培训中学、R&D中学、技术联盟学习在内的的引进—生产能力—创新能力的学习范式。吴晓波提出的包括干中学、用中学、R&D中学、忘却学习在内的获取/模仿—同化—提高—危机—更新的技术学习范式等。

从总体上来说，大多数学者都是把学习看成了一个知识积累和提高创新能力的过程（Lall，1982；Bell和Pavitt，1992；Hobday，1995；Cooper，1991；Bell和Pavitt，1992）。从管理的角度来说，企业的发展永远是一个动态的过程，是一个学习、超越、自我超越的过程，并不存在学习的终结，因此学习是贯穿于管理过程始终的，企业应将学习作为终身使命。

2.2.2 对组织学习的研究

技术能力的积累不能仅仅依靠组织个人的学习活动。如何将个人学习转化整合为组织学习是企业技术学习过程中的关键点之一（Nonaka和Takeuchi，1995；Simpson et al，2002）。组织学习是和技术学习密切相关的一个概念，二者都属于组织的学习行为，明确组织学习的概念有助于正确理解和把握技术学习的概念。

March 和 Simon 于 1958 年首次提出组织学习的概念。随后哈佛大学的 Chris Argyris、Donald Schon 于 1967 年在《组织学习》一书中进一步对组织学习和学习型组织作出了解释。中国学者对组织学习的关注始于 20 世纪 90 年代中期。国内外对组织学习的研究主要集中在以下几个方面。

2.2.2.1 组织学习的目的

Levitt 和 March[103]认为组织学习是组织追求的结果，是组织最终希望达到的一种状态组织，不是为了学习而学习，而是为了实现组织目标而采取的行动。Huber（1991）指出，经验学习（Experiential Learning）和借鉴学习（Vicarious Learning）是组织获取信息或知识以形成和发展组织知识基础的两种重要途径。

2.2.2.2 组织学习能力

Meyers、野中郁次郎、竹内弘高、应瑛、吴晓波和李俊等学者认为组织学习是组织的一种能力，从组织是否具备知识的传播、应用和创新能力，是否具备应对内外部刺激的能力等条件来界定组织学习的概念。Cohen 和 Levinthal 将组织学习能力分为学习意愿、吸收能力和整合能力三个方面。

2.2.2.3 组织学习过程

Argyris、Schon、Fiol、Lyles、Fdmondson、Moinneon、Sense 及陈国权等学者都认为组织学习是一种过程，并都从过程的角度讨论了组织学习的概念，认为在这一过程中涉及了信息的获取和传播、知识的记忆和运用等，并伴随着组织适应性和组织效率的提高。Nevis，DiBella 和 Gould[104]等学者认为组织学习是一个系统过程，组织学习系统包含了组织学习的过程因素及促进因素等组成部分。

2.2.2.4 组织学习模式

Argyris 和 Schon（1978）从学习深度将组织学习分为单环学习（Single-Voop Learning）、双环学习（Double-Voop Learning）和再学习（Re-learning）。彼得·圣吉（1990）提出适应型学习和产生型学习。Fulmer（1998）等提出

维持学习、危机学习和期望学习。野中郁次郎和竹内弘高从组织如何创造不同类型的知识，并在不同群体之间进行转化的角度提出组织学习的四种模式。彼得·圣吉将组织学习按照其主体本身的不同及主体范围的不同来划分为三个层次：个体学习（Individual Learning）、团队学习（Team Learning）和组织学习（Organizational Learning），并又将组织学习分为组织内学习（Intra-organizational Learning）和组织间学习（Inter-organizational Learning）。

另外，从学习方法来看，组织学习的模式有干中学、经验学习、用中学、学中学。从知识的来源上又可以将组织学习分为组织内部学习和组织间学习。Kogut 和 Zander[105]（1992）认为，组织内部学习包括组织内部重组、向失败的教训学习，以及通过试验探索进行学习。组织的外部学习主要是通过组织间合作来交流经验、获得外部知识、共享技术诀窍等方式进行学习。Kogut 和 Zander 认为组织的外部学习包括兼并其他组织、与其他企业进行合作、引进拥有关键知识的人到组织中来。Dodgson 也提出，外部学习对企业创新特别重要，这些外部学习包括各种形式的企业间合作（如合资、战略联盟、联合研发等），兼并其他的组织，向成功的经验学习和教训学习等。

2.2.2.5 组织学习模型

国内、外知名学者相继提出了比较有影响力的组织学习模型（见表2-4）。国外如 Argyris 和 Schon[106]（1978）的4过程模型，Nonaka 和 Takeuchi[107]（1995）的组织知识传播 SECI 模型，Kim[107]（1993）整合个体学习与组织学习的 OADI-SMM 模型，Nevis[109]（1995）的学习系统模型（包括3个阶段、7种学习导向和10种促进因素），Crossan[110]（1999）的4I框架模型，彼得·圣吉（1990）的学习型组织五项修炼模型等。国内如陈国权和马萌[111]在 Argyris 和 Schon 四过程模型的基础上，增加了"反馈""选择"两个环节和知识库，提出了组织学习的"6P-1B"模型，并基于该模型对中国航工业动力研究所、北京华翔电子有限公司等多家企业进行了案例研究；康壮和樊治平[112]在"6P-1B"模型和 OADI-SMM 模型基础上，提出了一种基于知识管理的敏捷组织学习二维度模型框架，主张通过先进的信息技术、充分的交流沟通、敏捷的组织反应机制、科学的决策过程等手段确保组织能够适应不断变化的内外部环境；唐建生与和金生[113]运用仿生学理论，借鉴生物发酵过程，提出了组织学习和个人学习的知识发酵模型。

表2-4 代表性的组织学习模型

学者	组织学习模型	主要研究内容
Argyris 和 Schon（1978）	4过程模型	发现→发明→执行→推广
Nonaka 和 Takcuchi（1995）	SECI模型	组织知识传播中的社会化、外化、组合化、内化
Kim（1993）	OADI-SMM模型	整合个体学习与组织学习
Nevis（1995）	学习系统模型	3个阶段、7种学习导向和10种促进因素
Crossan（1999）	4I框架模型	个体的聚集、互动沟通、柏拉图时空、个性化
彼得·圣吉（1990）	学习型组织五项修炼模型	自我超越、改善心智模式、建立共同愿景、团队学习和系统思考
陈国权，马萌	"6P-1B"模型	发现、发明、选择、执行、推广、反馈六个阶段（6P）及1个知识库（1B）
康壮，樊治平	敏捷组织学习二维度模型框架	学习主体和学习工具的互动关系
唐建生，和金生	知识发酵模型	知识菌株、知识酶、知识发酵吧
彭灿，胡厚宝	BaS-C-SECI模型	知识联盟的知识创造模型

2.2.3 跨组织学习和基于联盟的学习

2.2.3.1 跨组织学习

跨组织学习是通过个人层次、团队层次和组织层次与组织外部互动进行的。个人层次可以通过个人社会生活、中高管理层的对外接触而获得一些知识；团队层次可以通过人物组和职能组与外界联系而获得，组织层次可以通过与外部组织结成联盟或伙伴关系而获得。与此同时，在个人层次、团队层次和组织层次的互动中，也进行着组织内学习。但是相比组织内部学习而言，组织间的学习过程较为复杂。一般来讲，组织间的学习有如下特点：知识异质性高，学习障碍比较大，学习的平台也较为复杂，组织间控制机制可能源于双方的关系，但学习效果可能是突破性进展和累积性进展并存。正因为如此，最近几年，研发联盟（包括内向型和跨国型）的发展十分迅速，对其进行组织间学习过程的研究相对活跃。随着信息技术的发展、全球化竞争的加剧，组织间的联系、交流和沟通更加便捷，组织间学习在联盟创新中的地位越来越重。

2.2.3.2 联盟学习的提出

从组织学习的角度看，企业要维持竞争优势，就必须有不断学习的能力与机会。联盟提供给企业一个持续地向战略伙伴学习的机会，即创造了一个分享知识和互动学习的环境。在盟约期内，联盟成员之间具有比较稳定、连续不断的交流过程，有利于企业新知识在联盟内部有效转移和在企业内部顺利转换。联盟可以被看作一种转移现有能力或者学习新能力的方式。其中合资企业就经常被用来作为转移企业隐性知识的手段——因为被转移的隐性知识是嵌入组织内部的（Kogut[67]，1988）。除了提供转移知识的路径外，联盟同样可以作为学习和获取伙伴技巧或者能力的工具。

Kim Linsu[2]等提出了以"组织学习"理论来解释战略联盟。他们认为，战略联盟是组织学习的一种重要方式，其核心在于学习联盟伙伴的经验性知识。Khanna[114]（1998）认为获取和利用知识和能力是任何采取联盟的企业的战略性目标，是获得竞争优势的关键。Hamel（1991）提出联盟的学习是指获取合作者的关键信息、诀窍和能力，是联盟形成的动机之一。我国学者谢泗薪[115]（2006）从内向国际化和外向国际化双向路径研究中国企业全球学习战略的构建。组织学习的一个极端观点是将联盟刻画成"学习族"，即参与联盟的伙伴始终企图比他人学得更快（Khanna et al，1998）。

由于企业的异质知识大部分是隐性的、是难以模仿的，魏江从个体、群体、组织三者中对知识转移影响因素的角度，通过对组织间知识的转移来研究组织学习问题。杨忠[116]（2001）提出了网络学习理论的分析框架，该框架综合了组织学习技术过程论和社会过程论。

Hamel和Prahalad[68]（1989）研究发现，合作伙伴间相互学习对方的知识是企业建立联盟的重要目的与动机，而Badaracco[117]（1991）也认为企业间隐性知识无法通过市场交易来获得，而必须通过合作联盟的方式完成。因此，合作伙伴间的知识交流与知识共享既是联盟的目的，也是联盟形成的基础。合作伙伴之间高效的知识共享机制是关系到合作效率高低，甚至成功与否的重要因素。

Inkepn（1998）基于企业知识理论和组织学习理论正式提出知识联盟的概念。认为知识联盟是战略联盟的高级形式，企业联盟不再仅仅出于共享资源、分担风险、降低成本、进入新市场等传统动机，而是为了向伙伴学习，获取其专有知识。Kanter（1994）提出，联盟内跨部门的强大的知识交流与广泛的信息共享更倾向于创造良好的学习关系，反过来这种富有建设性的合作关系又会引起更大程度的知识转移。

2.2.3.3 联盟学习能力的构成

组织学习能力是反映组织学习效率和学习效果的一个指标，其效率的高低和效果的好坏最终影响到联盟的成败。建立在联盟基础上的组织学习的学习能力主要包括两个方面：一是企业对已内部化的知识资源进行吸收转化的能力，二是企业对外部知识资源的整合学习能力。对已内部化的知识资源进行吸收转化的能力，是指经过前一阶段外部知识整合后，将整合后的知识与企业现有的存量知识结合后进行知识更新的能力和将其转化为竞争力的能力。对外部资源的整合学习能力，是指企业在联盟网络的学习交流及知识管理过程中，通过现有的组织能力，对外来的知识资源进行整合，使整合过滤后的知识与企业战略目标所需组织要素相一致的能力。因此，联盟学习能力是基于学习效应的战略有效进行学习、维护联盟竞争优势及实现联盟学习战略目标的关键，这种能力主要包括察觉新趋势的能力、发展创造性回应的能力及在全球范围内创新扩展的能力。当然，作为联盟成员的企业的学习能力受企业本身的技能基础（或企业现有知识存量）、组织透明度、学习意图和员工的沟通能力等因素的影响。John Child[118]将战略联盟的学习分为技术级、系统级和战略级，他认为合作学习的能力主要由下列因素决定：知识本身的转移能力、合作成员对新知识的接受能力、组织成员对新知识的理解与吸收能力、组织成员的经验总结能力。

2.2.3.4 联盟学习的过程及其影响因素

根据G．Hamel[119]的观点，在战略联盟中的学习需要考虑三方面的因素：一是学习的意图，要明确先合作后竞争的战略意图，战略联盟的目的是解决核心技术问题，而并非针对当前的技术困难；二是学习的潜力，要克服社会环境的障碍，保持战略联盟中的独立性；三是吸收能力，将个人零散的学习转向组织学习。

Tsang[120]（1999）提出了一个国际化经验学习过程循环模型，包括三个阶段：学习潜力的评价、经验知识的获取和共享、知识检索。Inkpen[121]（1998）提出了联盟知识获取过程的三个阶段：判断联盟知识是否有价值、联盟知识是否可以获得、企业能否进行有效学习。从影响联盟学习的因素出发，Inkpen[122]（2000）又提出了一个合资企业中的知识获取模型。在该模型中，联盟知识的获取包括两个方面：联盟知识的获取能力（Accessibility）和联盟知识的获取效力（Acquisition Effectiveness）。前者涉及知识的开放程度，后者涉及知识的相关性。

2.3 资源基础理论

在以资源为主要投入要素的价值创造活动中，企业的竞争必然会由产品层面的竞争延伸到资源层面的竞争。产品竞争与资源竞争的一个显著区别在于，前者只是在一定时期内决定企业效益水平和盈利能力，而后者则在相当长时期内决定着企业的竞争能力和竞争优势（Collis和Montgomery，1995）。

根据资源基础理论，竞争优势来自拥有比竞争对手更多独特的、有价值的、无法模仿的、不可替代的战略资源和能力（核心技术[123]、动态能力[124]、吸收能力[67]等），从而能为顾客提供更优的价值（Barney[125]，1991；Grant[126]，1991）。资源基础理论认为，企业可以通过源于联盟伙伴的资源来建立竞争优势[90]。从本质上讲，两个假设可以支撑这一理论：①企业资源具有异质性；②这些资源在企业间是不能完全流动的。因此，资源能力的差异会带来企业获利能力的差异。

企业资源理论认为：企业对生产经营活动的各种投入，根据其所在关系可以分为内部资源和外部资源，这两类资源相辅相成，共同构成了企业资源基础。从根本上讲，企业持续竞争优势最终取决于企业内、外部资源的融合能力，而内部资源属于企业内生变量，相对稳定，因而在很大程度上企业嫁接外部资源的能力显得尤为突出，而与其他企业建立合作伙伴关系则成为企业获取外部资源最有效的方式。尤其是当企业进行结构调整或开展多元化经营活动时，通过联盟方式获取外部资源往往具有更加重要的意义。

战略联盟是连接市场与企业的中介，发挥着"组织化市场"的功能，因而较好地体现了信息化时代把市场竞争和组织管理关联一体、综合运作的要求。从资源基础理论来解释联盟行为，主要表现在以下三个方面：同质资源共享、异质资源互补和资源的优化配置。

（1）同质资源共享。通过建立联盟可实现同质资源相互共享，企业加入联盟的动机就是希望通过整合合作伙伴或联盟共享性的资源来降低成本、分散战略风险，取得可持续的竞争优势，从而实现源源不断的利润[55]。

同质资源共享有利于实现研发的规模经济效应。当合作各方可以共享便利条件、设备、技术等资源的时候，在联盟关系中实现规模经济就成为可能，如开发同类技术的企业横向联合，各自的技术优势在研发规模扩大的条件下得到更大程度的发挥。

另一方面，资源共享使得企业资产专用性的效率得以充分发挥。资产专用性包括专用设备、专有技术、人力资源的专用性投资等，一旦作出投资决定，再改作它用的难度相当大，因此，通过联盟有效地共享和利用这些专用资产，能够提高研发效率和资源使用效率。

（2）异质资源互补。由于资源在各企业间是不均匀分布的，不同的企业可能拥有完全异质的资源。相对于企业不断提升的发展目标来说，任何企业不可能完全拥有所需要的一切资源，在资源和目标之间总存在某种战略缺口。当该企业自身资源无法满足其成长需求时，它就会主动向组织外部寻找这种资源。通常表现为与其他企业进行合作，形成相互依赖的关系。Chung，Singh 和 Lee[127]（2000）认为，企业倾向于通过与其他企业资源技术的结合，共同形成联盟，以提高经营绩效并创造价值。因此，对合作伙伴的技术、能力等资源的依赖，是企业进行知识共享的动力之一。

通过与合作伙伴建立某种形式的联盟，可以获取外部资源，弥补自身资源的不足。获取外部互补性资源是企业发展现有资源、提高其核心竞争力的重要手段。企业通过联盟，充分利用其他企业的资源来弥补自身的不足，集中资源于自身核心业务，也就是集中在那些使它们真正区别于竞争对手的技能和知识上，在弱势技术方面与该领域具有优势的企业保持紧密的合作关系，从而提高企业竞争优势。如一个企业的新产品开发中需要某项专利技术，而另一企业正好已开发出此项技术，通过结成联盟各负其职，可以大幅度地缩短产品开发周期。

联盟为同时通过竞争和合作来聚集资源提供了基础。企业的竞争优势可能来自与竞合伙伴、供应商、顾客之间隐性、难以模仿的合作关系。市场环境的复杂变化使得企业需要经常从竞合伙伴那里寻求互补性资源，特别是当这些资源对创新过程很重要却又很难获得时，同时还可以基于这些资源创造出新的资源。

（3）资源优化配置。传统的市场机制往往根据竞争者之间的相互关系分配资源，而传统的组织则是根据企业组织管理的目标来配置资源，两者都不能使资源的获取成本降至最低。联盟改变了传统的资源配置方式，使企业资源运筹的范围从企业内部扩展到外部，在更大的范围内促进资源的合理配置，从而带来资源的节约并提高其使用效率。各企业在资源共享的基础上，交换所需的特定资源。联盟各方利用协调、合作效应，在资源的交叉、融合中创造出高附加值的结合效应，从而使企业赢得强大的技术竞争力，增加新的创新机会。

竞争优势需要对企业内外部资源进行整合开发，并创造新的资源。战略联盟能发挥乘数效应，通过对联盟内资源进行有效组织，实现要素的共享，从而保证从投入到产出全过程的"节约"。当这种多主体和多组织相结合的联盟形式跨越行业界限时，能更有效地配置社会资源，提高资源使用效率。战略联盟已经成为企业重新组合资源、培育和提升市场竞争能力的重要手段。通过联盟，缓减了以往各单体企业之间激烈的对抗性竞争，减少了因对抗性而产生的资源浪费，并整合了联盟成员的企业优势资源，达成优势互补、知识缺口互补、利益共享、风险共担的关系，有效地规避企业的市场风险，提高竞争优势。

2.4 交易成本理论

交易成本概念由诺贝尔经济学奖得主科斯教授提出，经威廉姆斯教授等发展成为现代经济学的一个重要分支——交易成本经济学。交易成本包括市场搜寻成本、谈判成本、拟定合同和监督合同执行的成本，它是市场机制运行的"摩擦力"，市场中不完全竞争、信息不对称、不确定性和机会主义行为等因素的存在，迫使企业试图以内部组织替代外部市场，以行政安排替代市场交易来配置资源，进而提交交易的确定性，降低交易成本。

Oliver E.Williamson[128]（1985）提供了半结合的最一般的交易成本分析。当存在高的资产专用性、高不确定性和高的交易频率时，公司内部组织将能降低交易成本。但是公司依靠低效率的官僚主义的刺激，就不能迅速采用市场的高效率刺激，因此，连续结合所引起的不断增加的效率损失将是显著的。由此可以得出，倘若采用半结合战略的话，利用官僚主义的管理适应性和保证规定，高度的资产专用性将能够和高效率的刺激结合起来。战略联盟属于"混合制"或"中间组织状态"的特殊形式。沿着Williamson交易费用的分析框架和"有限理性""机会主义""资产专用性""不确定性""市场环境""交易的频率"等分析维度，国内外多数学者多对交易费用理论进行扩展，用于解释企业联盟存在的合理性。

Coase[129]（1937）也指出企业之间联盟合作协议的基本原理可以用交易成本经济学来解释。联盟代表一种可以共享市场和内部组织的治理结构，旨在避免或减轻彼此经营中的风险（Park和Russo[130]，1996）。企业联盟的交易经济学解释是对交易费用理论进行扩展并适用于企业联盟的结果。以交易成本理论对企业联盟进行经济学释义的简单逻辑过程可以表述为：联盟伙伴之间资源互补共享、信息交流充分，彼此间交易频繁，在共同的经营目标、高速的信息传递和惩罚机制的监控下，联盟各方的机会主义与有限理性受到抑制，对不确定性的应对能力增强，交易费用得到有效降低，交易效率得到提升。

技术的特殊性决定了技术交易存在高昂的交易成本，技术信息的外生非对称性决定了高的信息成本，技术信息的不完全性决定了高的风险成本，技术的可重复交易性和技术外溢性则决定了高的保护成本和监督成本。交易成本理论运用在研发联盟中的着眼点就是研发联盟的企业之间力图以人为安排来减少技术交易成本。当企业意识到交易成本过高时，建立联盟可以加强企业的控制能力，从而避免了诸如谈判过程冗长、技术交易成本高昂、隐形知识获取困难等问题，增强了企业联合起来共同研发的能力。

Hennart[131]（1988）提出了一个更为形象的解释。假定生产某种特定产品的开发，需要两方面的技术a与b，它们分别为A公司和B公司所拥有。倘若a易于在市场上获得而不致引起高的交易成本，但b不是这样，这时两种技术将由b加以结合，而由A向B发放使用a的许可证。倘若b易于在市场上获得，而a不成，就会发生相反的情况。然而，若是两种技术均不易在市场上获得且必然引起过高的交易成本的话，这时就出现了建立研发联盟的必要。它表明，信任与合作是能够与追逐私利的行为共同存在的。

联盟伙伴之间以稳定的合作关系替代市场机制，可以有效降低技术交易成本和学习成本，可以从信息搜索成本、隐形知识转移成本、谈判成本、风险成本和机会主义成本四个方面来进行分析。

（1）信息搜索成本。信息成本是指技术需求方发现所需技术并且尽可能多地了解有关信息的成本，还包括技术持有方对技术需求方有关技术承接能力等信息的了解所需的成本。在研发联盟，如产学研战略联盟中，企业的需求往往是特定而又动态变化的，它们对大学、科研院所的能力往往并不了解，需花费大量的时间、精力去寻找大学、科研院所担当合作伙伴，而大学、科研院所为实现合作创新，同样需花费大量资源了解企业及其需求。作为一种特殊的经济行为，企业、大学、科研院所的价值取向与文化背景往往不同，这给合作创新各方的信息沟通带来了一定难度。建立稳定的研发联盟关系可以减少信息搜索成本。

（2）隐性知识转移成本。企业间隐性知识的传输在理性市场关系下是困难甚至不可行的。正如面对一个对产品只有不完美信息的潜在买方，如果卖方为了使买方信服而使信息对称化，这样买方就在不付出任何成本的情况下拥有了这种知识，产品印象价值将大打折扣，所以卖方会努力隐藏或夸大产品的真实价值（Buckley 和 Casson[132]，1976；Madhok[133]，1997）。在这个例子中，买方和卖方是明显的竞争关系。交易成本经济学可以很好地证明合作能够促成企业间隐性知识的传输。又如，在技术交易中，单凭技术资料的移交是远远不够的。在许多情况下，转让方所交付的技术资料并不能包括其所转让技术的全部内容，特别是无法包括技术人员头脑中的技术经验和技术诀窍。这些经验和诀窍，尤其技术秘密需要通过技术人员的操作演示和现场指导才能表达出来，而且这些经验和诀窍往往涉及所转让技术的核心内容，直接影响技术传授的效果，联盟关系可以更好地促进这种信息沟通。企业间通过联盟建立一种紧密的合作联系，可以在隐形知识转移方面表现出更高的效率。

（3）风险成本。建立联盟关系可以降低风险成本，主要表现在两个方面。①缔结或参与战略联盟，可充分利用联盟组织的稳定性抵消外部市场环境中的不确定性。联盟伙伴之间资源互补共享、信息交流相对对称充分，不确定性降低，由不确定性所引致的交易费用也相应减少。②联盟成员间的资源互补性和彼此间的"人质效应"使彼此间专用性资产相互渗透。资产专用性越高，联盟各方保持长期稳定性越有意义，企业之间合作的意愿也越强。

（4）机会主义成本。联盟参与者一个关键挑战是：如何有效地保护自己不会失去关键资源和核心技术的同时，最充分地利用共享资源，这就导致了合作中的机会主义行为。合作者的机会主义行为有两种比较突出的表现：一是侵占对方的资产，二是对合作减少投入或无效投入，因为多投入往往使己方退出壁垒增高从而在联盟中陷入被动地位。机会主义的存在使得合作各方可能为了个人利益的最大化不可避免会损害联盟体的整体利益。联盟中的机会主义行为要分两种情况来讨论。

① 联盟伙伴是非竞争关系的情况。当合作伙伴是非竞争关系时，一方面，联盟伙伴战略目标的一致性使其利益共享、风险共担，联盟之间荣辱与共，"有限理性"得以抑制；另一方面，联盟成员间交易的长期性和交易的频繁性将在很大程度上抑制联盟成员间在交易中的机会主义倾向。从这个角度，战略联盟可以满足合作各方的战略目标，并且在公平的利益分配制度下，当合作利益大于机会主义收益时，联盟能够取得更大成功（Jarillo[134]，1988）。

② 竞合关系下的联盟。当联盟各方是直接竞争关系时，交易成本理论预示着较高的失败率。在这种情况下，联盟各方都会试图最大化己方的学习过程。Park和Russo[135]（1996）早就指出当直接竞争对手在一个联盟网络中相遇时，将大大提高联盟失败的概率。因此，从交易成本理论来看，竞合关系在带来交易成本节约的同时，也会给联盟带来一定的风险。因为在这样的联盟中，保护关键专有资产将变得更加困难，机会主义的诱惑将加速联盟的瓦解。

2.5 社会网络理论

2.5.1 社会网络与联盟网络

20世纪50年代以来，人类学家、社会学家、组织行为学已经充分认识到网络的意义（李新春，2000）。在社会网络中，人是社会中的人，企业是社会中的企业。各个企业通过正式或非正式合约、通过股权或非股权结盟，就构成了企业联盟网络。从网络角度对企业联盟进行分析在理论界具有相当重要的地位。战略联盟概念的创始人——简·霍肯兰德和家罗杰·奈格尔对联盟的初始定义就是以联盟网络为出发点。他认为，企业联盟是指两个或两个以上对等经济实体的公司，为了共同的战略目标，通过各种协议而结成的利益共享、风险共担、要素水平式双向或多向流动的松散网络型组织体。联盟网络模糊了企业边界，扩大了企业的活动空间，有助于联盟成员价值创造、资源共享、知识转移与信息对流。

社会网络中的资本能够为组织或个人创造价值或潜在价值，是企业的战略性资源。Nahapiet和Ghoshal[136]（1998）认为社会资本是指"能获得的嵌入个人或社会群体拥有的关系网络中的、真实和潜在的资源总和"，并把社会资本区分为结构维度、关系维度和认知维度三个维度。J. S. Coleman[137]、A. Portes[138]、R. S. Burt[139]、R. D. Putnam[140]分别从资源说、能力说和网络说的角度对社会资本进行了定义（见表2-5）。Nahapiet和Ghoshal[136]从企业网络嵌入程度的角度对企业社会资本作出了一个"折中"的定义，企业社会资本为嵌入个人和社会个体占有的关系网络中、通过关系网络可获得的、来自关系网络的实际或潜在资源的总和。

表2-5　对社会资本概念的解释

研究角度	代表学者	观点
资源说	J. S. Coleman	把社会资本视为从关系网络或社会结构中所获取的资源
能力说	A. Portes	把社会资本视为成员通过关系网络获取稀缺资源的能力
网络说	R. S. Burt R. D. Putnam	把网络本身及其特性视为社会资本，网络、规范、结构洞等成为社会资本的来源

结合联盟，可以认为，社会网络是指存在于联盟网络成员中的各种正式或非正式的关系网络，这种关系网络具有嵌入性，通过这种嵌入性，成员企业拥有分享、获取网络资源的机会和能力。联盟网络则是指联盟成员企业围

绕网络资源获取所运用的各种关系的总和，包括嵌入历史（合作经历）、共同预期和目标、信任等。

联盟网络是创新网络的方式之一，网络成员企业间的连结机制是它们间的合作创新关系，这种合作创新关系并不仅仅局限于正式的组织关系，往往依托成员企业中所存在的各种正式和非正式的关系网络才能确保合作创新关系的维持和延续。从社会网络和社会资本的角度透视联盟网络具有理论性和现实性。企业进行社会网络投资、结成伙伴关系实际上就是为了进入、巩固和发展企业网络[141]。社会网络资本的积累可以帮助企业获得机会利益；有助于企业获取参与竞争所需的各种资源，减少交易成本和合作风险；有利于增强企业的技术创新优势，协调与其他企业的合作关系。

2.5.2 社会网络资本对企业研发联盟技术学习的积极作用

企业间的知识学习过程更多是借助关系链接或网络结构以共同创造知识价值，并且各行为主体间的关系品质及其关系结构直接决定了企业间知识学习活动的协同性，以及知识创新能力的提高。嵌入社会网络更有利于企业间知识的交流、吸收、应用、创造、扩散和共享，以实现企业的知识积累和知识创新，不断提高企业的技术优势和创新能力，建立长期的竞争优势。社会网络资本对跨组织合作、研发联盟的形成、技术知识在联盟网络内的扩散产生正面的影响力，下面主要从两个方面来分析。

2.5.2.1 社会网络资本促进研发联盟形成和联盟规模的发展

社会网络资本有利于降低合作伙伴搜索成本。社会资本是资源配置的一种重要方式，以信任为基础的社会资本可以使整个创新网络中的企业彼此愿意合作承担创新的风险、企业愿意重新组织彼此的关系及采取联盟的形式实现互利，这就使得社会资本可能比其他的治理机制更有效率。因此，当联盟成员间的社会资本累积到一定程度时，企业之间建立良好关系，彼此信任，将有利于降低交易成本，促进联盟的形成。Tsai[142]研究发现当企业位于网络的核心位置时，更可能会利用它现有的脉络去快速地和其他单位建立链接关系。

社会资本，如组织间已有的信任、互惠规范和合作网络具有自我增强性和可累积性，是企业间再次形成良性循环，达到更高水准的合作、信任、互惠和参与的重要桥梁。因此，当企业欲寻找共组联盟的对象时，会倾向从既有的网络中寻找适合的合作伙伴，不但可深入已存在的社会关系，更可省去许多转换与沟通成本，进一步促进联盟的形成。同时，由于参与和行动的增加，合作机会通过成员间的技术连接、共同的合作伙伴等产生关联得到进一步提高。经由这些共通的关系可能得知新技术的发展与其他产业趋势等，这些共通关系有助于企业发现许多网络间隙与结构空洞，这些间隙与空洞正是新的信息和知识的来源，有助于企业间新的联盟的形成。

2.5.2.2 社会网络资本中的信任关系有利于联盟网络内知识的转移和扩散

良好的社会资本可以提高企业知识创造、转移和扩散的效率。当企业面对出现的新问题时，它必须通过对内、外部知识的有效整合才能有效地解决问题[143]。跨组织合作之所以能构造创新机会，本质上是知识整合的效果。Sivadas和Dwyer[144]指出研发联盟常常无法达成创新的目标，其主要原因之一在于对联盟社会网络中的知识整合能力不足。

社会资本在关系维度上主要以信任为核心，信任关系到企业网络的质量[145]。联系紧密的社会互动关系使得行动者可以了解彼此并分享重要信息[146]。研究表明关系信任度越高，企业越愿意参与社会交换及合作互动[147]，越愿意在知识交换中承担风险（Nahapiet，1998）。信任能最大限度地通过交换和整合获取潜在的价值创造，同时知识创造的高度不确定性使得个体间信任显得尤为重要。有关研究表明，信任关系有助于各主体间的互动学习，能最大限度地减少学习过程中的相互封闭、信息独占和扭曲，扩大对知识的共享和扩散，使企业从这种信任关系下的互动学习过程中获取、应用相关知识和技术。

2.6 知识管理理论

知识管理学者普遍认为知识是企业所拥有的最为重要的战略资源，知识已成为企业核心竞争力的主要来源。一方面,知识基础理论并不仅仅局限于对知识本身(比如显性或隐性知识)进行研究,更为重要的是,它强调动态的知识管理过程而不是静态的知识分类,即认为知识的获取、共享、转移、积累、使用和扩散等知识管理实践对企业的竞争优势和核心能力具有决定性的影响;另一方面,知识基础理论融合了先前多种企业理论,比如资源基础理论、组织学习理论、认识论及创新理论等。作为资源基础理论的扩展,企业的知识基础理论强调使用层级组织,即企业而非市场作为一种获取和增加知识流的手段,企业被看作一个"知识处理系统"或一个"专门和隐性知识的仓库"。通过借鉴组织学习理论的一些观点,知识基础理论认为企业识别和管理知识的能力是其持续参与组织学习的结果。知识的创造来自知识和其他资源的新的结合[105],企业的竞争优势和长期绩效取决于该企业能否有效地学习和创造新知识。

基于知识的观点把企业看作知识和能力的积累[151]。联盟是企业获取外部知识和能力的重要途径,基于联盟的内部化与市场化相比具有"组织优势"[152],这种优势来源于创造和转移知识的高级能力。联盟网络为弥补企业知识缺口、促进组织间学习和知识转移、激励新知识创造、提高组织创新能力提供了机会和有效途径[153]。通过联盟企业可以从其他企业获取知识,或者与其他企业合作创造知识,使企业获得持续的能力。

联盟的知识基础理论认为研发联盟像企业一样是一个"知识的集合"或"知识的仓库",它能为企业提供多种机会以获取合作伙伴的信息、技术和知识,而这种机会通常是独自经营的企业在特定的时间和成本约束下难以获得的。也就是说,研发联盟为企业间的学习和知识管理提供了一个独特的平台或通道。知识管理动态的、过程导向的视角使其特别适合用于理解联盟内的知识运动过程。动态联盟按照项目运作的需要,对经过知识识别、知识共享与转移、知识整合和知识创造等一系列活动而最终创造出来的新知识进行学习、优化和积累,使之成为联盟的共有知识。这一共有知识又内化在每一个合作成员身上,合作成员知识能力水平的提高会带来动态联盟整体知识能力的提升,从而为新一轮的知识创新提供更高水平的合作基础。

知识管理思想和理论在企业研发联盟学习中的应用主要体现在知识缺口发现、知识获取、知识共享、知识转移、知识创造、知识保护等环节。

(1) 知识缺口与研发联盟。知识缺口是指解决问题所需要的知识结构与企业目前所拥有的知识存在的差距。各个企业的知识系统具有异质性，同时具有有限性。从技术复杂性来讲，开发一个新产品或新过程具有高度的风险性，常常需要许多复杂的技术和市场因素的相互作用。成功的开发需要组合不同来源的知识，需要有效满足多种维度的各不相同的业绩标准。

当企业现有的竞争能力不能够达到战略目标时，这样在战略目标和企业现有的竞争能力之间就存在一个知识缺口。当外部企业所拥有的知识能弥补这一缺口时，通过企业之间合作建立研发联盟成为有效的知识获取方式。同时，技术知识的复杂性意味着容易处理的显性知识不足以指导实践，而需要隐性知识。而技术知识的隐性部分很难在企业之间进行有效传递，研发联盟则能够有效地进行隐性知识的传递。企业间的联盟对于外部知识获取特别重要。

(2) 联盟中的知识共享。知识共享是通过不同的知识拥有者之间的相互交流与沟通，取长补短，分享彼此所拥有的不同的知识资源。知识传播与共享是联盟企业间知识活动的核心。联盟企业之间的知识共享是将各联盟成员所拥有的各种知识，特别是独有的隐性知识，通过联盟成员之间的交流、学习与合作，使知识从一个联盟成员扩散到其他联盟成员，并将其他联盟成员企业拥有的有用知识内化为自己的知识，与其自身的知识资源相融合，以更好地掌握执行项目的相关知识，创造出新的知识。

李久平、顾新[154]认为联盟企业之间知识共享的过程是一种双向互动的过程，知识共享的频度和深度由联盟成员之间的信任度决定；联盟成员之间的知识共享在满足详细合约、信誉机制、信任的氛围等条件下才能实现。他们还认为，联盟中知识共享的障碍来自隐性知识难转移、知识流动网络不完善、联盟成员学习能力不对等和知识保护的存在，并提出确定明确的学习目标、创造交互学习的氛围、建立良好的学习关系、设计合作学习的奖励系统等措施有助于知识共享的实现。

（3）联盟中的知识转移。知识转移，又称作知识流动。Davenport 和 Prusak 将知识转移的过程表达为"知识转移=知识传达+知识接收"[155]；Lane 用"相对吸收能力"来检验联盟内部的相互学习过程；Dixon 认为组织成员需要通过各种工具来实现知识转移；Ghoshal 和 Bartlett[156]指出，知识转移渠道是知识在发送者和接受者之间进行转移的媒介与途径，如果转移渠道不存在，那么知识转移就无法发生。技术转移已成为研究开发合作组织成败的关键因素。

Szulanski[157]的知识转移过程模型以知识转移实施为分界点，将知识转移过程分为开始、实施、调整、整合四个阶段，他认为知识转移过程由知识转移源、知识接受方、知识转移内容、知识转移途径、知识情境五个要素构成。Smilor 和 Gibson（1991）使用从微电子和计算机技术公司（MCC）收集的文档和调查数据对技术转移和学习效率进行了研究，研究表明交流程度（主动/被动）、差异（地理/文化）、不确定性（技术的模糊性）和动机（激励/回报/意识）这四个因素与合作组织中的技术转移过程有关。

联盟中不同企业之间的紧密合作，共享市场、技术等信息，潜在地构成了隐性知识转移的途径。Holt[158]（2000）认识到联盟能促进知识转移，但其效率如何取决于是否在联盟中建立起有效的学习机制和信任关系。联盟学习的效果主要体现在联盟中知识转移的效果上[159]。知识特性、伙伴之间的关系、知识差距和转移活动都会影响知识转移的成功程度。国内外学者对于组织知识转移影响因素进行了广泛的研究，包括关系依赖及组织内个人知识[160]、知识的默会性、复杂性和特殊性[161]、合作双方的专业知识领域[162]、资本结构[163]、组织之间的认知相似性[164]、合作伙伴间的信任程度和合作关系[165]、知识转移意愿[166]等。

邓路[167]（2007）认为影响研发联盟中知识转移的因素主要包括知识的"模糊"属性、组织的吸收能力和学习能力、联盟的结构、企业的知识传递机制和管理机制、企业在联盟中的地位五大方面。龚毅、谢恩[168]将研发联盟中的知识转移过程归纳为认知维度、沟通维度和交易维度，认为中外企业之间的技术差异与管理差异、联盟成员间的沟通及联盟所采用的控制方式（正式控制方式和社会控制方式）将决定中外联盟中知识转移的效率。

（4）联盟中的知识流失与知识保护。合作过程中要求企业间能够进行有效的知识交流与知识共享，合作企业以彼此的能力和知识作为杠杆来增强联盟合作的竞争力和生命力，信息和知识能否通畅且迅速地在各个合作成员之间流动是联盟合作成败的关键[169]。然而，完全的知识共享虽然短期上有利于合作绩效，但知识共享使得企业将自身关键技能和知识暴露给其他合作伙伴，从长远看将可能面临着知识流失风险（Hamel[119]，Baughn[170]）。如果合作成员在最终产品市场上是竞争关系，就更加剧了知识流失风险的严重后果[171]。所以在合作过程中企业必须在共享知识和保护知识的平衡中抉择[172]，对不在约定共享范围内的企业关键知识予以保护。

Baughn[170]等研究亦指出，即使产品或流程知识在专利或知识产权的保护下，企业仍会面临不完全保护创新的知识外溢风险，并会造成伙伴在双方关系中的议价能力增加，甚至催化其成为潜在竞争者。所以，为了保护企业的核心竞争力，就需要加强对知识的保护。当投入的资源越核心、越隐性化，其他伙伴具有更高的学习意向及伙伴越具有相似资源时，面临的知识风险就可能越大，企业也就越倾向于保护其知识。由此可以认为，企业面临的知识流失风险与企业的知识保护程度呈正向影响关系。

邢子政、黄瑞华、汪忠[173]认为联盟中的知识流失风险主要包括合作伙伴过分攫取己方技术知识，在合作过程中向合作伙伴展示关键技能使得合作后核心知识发生流失的可能性增高，合作伙伴可能采用一些不正当手段来获取不共享的关键知识，合作中技术秘密（如工艺流程、产品配方、技术图纸等）很可能会泄露，合作可能导致关键技术员工的流失，合作将会使合作伙伴洞察到己方本不打算透露的技术诀窍等。他们进一步指出，企业面临的知识流失风险与企业的知识保护程度呈正向影响关系。当合作双方信任程度增强时，知识流失风险对于知识保护的正向影响效果就相应地减弱。

综合起来，国内外许多学者对联盟中知识保护问题的研究主要表现在三个方面。①联盟中知识保护的重要性，学者从资源观和风险观的角度进行研究认为，知识资源的特性和联盟中关系风险的存在使得进行知识保护非常必要[55]。②联盟中知识保护程度的影响因素，主要包括知识资源的价值性、联盟伙伴的学习能力、彼此间的信任程度等[174]。陈菲琼[175]认为，联盟企业间关系资本越深厚，企业学习成功的概率越大，保护自己核心知识的能力就越强。③联盟中知识保护机制主要为控制知识流、人员配置、联盟形式选择、联盟契约制定、法律程序保护和过程控制等[176]。这些研究使得联盟中的知识管理和风险防范更加全面。

2.7 本章小结

综合运用战略联盟理论、组织学习理论、资源基础理论、交易成本理论、社会网络理论、知识管理理论等知识对企业研发联盟技术学习的原理展开探讨。对战略联盟的形成动机、类型、结合模式、风险和不稳定性的相关研究作出归纳，对组织学习概念的演变、目的、过程、模式、模型和跨组织学习等相关研究作了分析，在此基础上提出基于联盟的学习，并对联盟学习能力的构成、联盟学习的过程及其影响因素展开探讨。从同质资源共享、异质资源互补、资源优化配置的资源基础视角，从信息搜索成本、隐形知识转移成本、风险成本、机会主义成本的交易成本视角，从嵌入型、信任关系的社会网络视角，从弥补知识缺口、知识共享、知识转移、知识流失与保护的知识管理视角，对企业研发联盟技术学习的相关理论知识展开探讨，为全书研究提供理论依据。

第3章　企业研发联盟技术学习的机理

3.1　企业研发联盟技术学习的内涵与原则

3.1.1　企业研发联盟技术学习的内涵与特征

第1章提到，企业研发联盟是指企业为提升技术创新及产品开发能力，与其他企业、大学、科研机构等外部组织机构在保持各自相对独立的利益及社会身份的同时，通过共建研发实体或契约协议建立的优势互补、风险共担、利益共享的科研合作关系。结合前面的分析，可以把企业研发联盟技术学习定义为：以一系列联盟共享的制度、规则、程序和规制为基础，联盟成员企业及其员工通过相互协调行动以寻求解决问题时所产生的知识积累、转移和创造的过程。

企业研发联盟技术学习具有战略导向性、以强强联盟为主、累积性、路径依赖性和动态整合性等特征。

（1）战略导向性。以长期利益为目的。这种联盟的性质不是为了获取短期的市场利益，而是为了实现技术优势的相互转移，谋求形成新的技术优势，在未来竞争中处于领先地位。

（2）以强强联盟为主。研发联盟以技术合作为核心，多以合作开发新技术新产品为目标，强强联盟取代传统的强弱联盟是其典型特征。这种技术合作更多地体现在利用信息技术来改造传统产业。欧洲汽车业联盟调查的结果显示，世界上著名的汽车厂商近几年开发的环保型汽车，几乎全是通过合作手段研制成功的。目前美国、日本和欧洲的厂商正在合作开发智能化汽车，并将合作范围扩展到电脑硬、软件开发和元器件开发。丰田、通用、大众三公司之间通过联盟建立了转换计算机语言系统等，使相互间可以交换数据。

（3）累积性和路径依赖性。由于学习是具有时间延续性和动态性的过程，所以企业研发联盟技术学习是在一定的技术积累的基础上得以发展的。组织学习具有路径依赖性，其探索的方向受到组织在现有开发上所积累的能力和经验的限制，受到现有产品和工艺基础的限制，受到现有技术发展轨迹和范式的限制。知识存量越大，经验越丰富，则技术学习的能力就越强。联盟内技巧、互补性资产和惯例的积累和交流能有效提升联盟合作的有效性。

（4）动态整合性。战略合作是在一定的条件下达成的，随着时间的推移，市场在变、客户在变、技术在变、政策监管在变、竞争环境在变、企业竞争能力在变，这客观决定了原有战略联盟合作形式和技术学习模式可能就不适应了，需要进一步完善。由于环境的变化，原有战略联盟合作框架可能没有考虑周全，需要根据新的情况增设新的内容。这客观需要我们根据环境变化对合作策略和技术学习策略进行优化调整，以更好地开展战略合作。

3.1.2　企业研发联盟技术学习的原则

（1）开放性原则。技术学习活动本身是开放的，技术学习体系在组织上也应该是开放的，这种开放性有效促进技术资源的流动，启动并强化技术学习活动。当前任何一家企业不可能拥有所有资源，必须与外部企业合作，单打独斗、一切自己做的时代已一去不复返了。在开放的经济时代，企业要更好地拓展信息化市场，应采取更加开放的策略，加强与产业链上下游企业之间、同业竞争对手之间的交流、联系和合作，以合作不断提升企业技术创新和研发能力。只有坚持开放性原则，才能在开放中学习，在学习中吸收，在吸收中创新。

(2) 同位优势协同原则。同位优势协同主要体现在横向战略联盟方面，联盟成员企业长期的竞争与协作使联盟具有协调一致性。在竞争过程中，促进了专业化协作，而实现技术开发和利用上的范围经济和规模经济正是这种协作的主要动机。这种效应的产生是因为联盟企业存在相似的文化背景，因此有相似的价值取向，具有相关联的技术专长，有益于企业之间建立信任、开展协作。联盟技术学习中的协同实质就是知识协作，也就是联盟技术学习条件的核心。寻求与产品风格和类型、企业竞争实力、企业技术需求等相当的企业合作，实现双方技术领域的扩展，更为重要的是通过强强联合构筑技术壁垒。

(3) 异位优势互补原则。战略合作最好的形式是优势互补但又不相互竞争。优势互补能迅速通过合作使用另一家公司的优势资源弥补自身的劣势，寻求与技术分解后存在资源禀赋优势的企业合作，通过错位优势的互补实现合作竞争的双赢及关键技术的突破，达到巩固和提升双方竞争力的目的。这主要体现在纵向联盟方面。例如，当前，我国电信企业应积极与IT企业、内容服务商、系统集成商、互联网企业（如谷歌等）、媒体部门等合作，不断提升企业解决综合信息服务问题的能力。

(4) 复合资源整合优化原则。与联盟伙伴或竞争对手相比，企业部分资源存在差距和缺口，部分资源相对过剩和盈余，基于此寻求在实际范围内的研发合作有利于企业在资源输出与资源吸收中完成对研发资源的优化配置。

(5) 信任原则。联盟合作如果在相互怀疑、互不信任的情况下展开，结果会使联盟合作事与愿违，毫无进展。建立在信任基础上的组织关系使得双方能努力地为双方的增值而工作，对承诺高度信任，而不是怀疑和竞争。双方分享大量有用的信息，以频繁的沟通和协调而不是法律的手段来解决彼此间的冲突，广泛地参与合作伙伴的产品设计和生产，订立长期合同开展长期战略合作。因此，在推进战略联盟合作时一定要秉承相互信任的原则，要加强联盟成员之间的交流和沟通，诚实守信，积极配合，共同努力，使双方在合作中实现共同发展。

3.2 企业研发联盟技术学习的基本维度

3.2.1 企业研发联盟技术学习的对象

企业研发联盟技术学习的对象（即合作伙伴）主要包括国内同行业其他企业（含竞争对手）、供应商企业、用户企业、高校、科研机构、跨国公司及其研究机构，如图3-1所示。

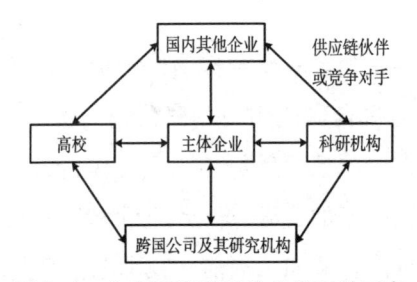

图3-1 企业研发联盟技术学习的对象

同行其他企业（包括竞争对手）：联盟中的企业从同行那里可以获得一系列溢出的知识和信息，比如成熟的专有技术、新产品设计思想、工艺技术诀窍、市场营销创新和组织管理程序等。

供应商：与供应商联盟是技术学习的一个重要来源，如很多汽车厂商与钢铁厂商之间的研发联盟。

用户企业：客户提供的知识主要包括对产品设计的特定要求、质量标准、产品使用后的反馈甚至相关的技术支持。

高校和科研机构：企业与大学、科研机构之间的联盟被称为产学研战略联盟，是我国目前企业研发联盟最重要的一种形式。高校和科研机构不仅可以向企业提供产品和工艺创新的思想，为企业提供实验室设备及各类咨询服务，还可以与企业联合承担政府部门研究项目。

国外跨国公司及其在中国所设的研发机构：可以借此引进国外先进技术。

3.2.2 企业研发联盟技术学习的内容

企业研发联盟技术学习的内容包括：科学知识、技术知识、经验知识、技术诀窍、管理诀窍。科学知识指的是系统性的理论知识，它是比较基础的内容，一般来源于高校和科研机构。技术知识指的是与技术相关的知识，更多侧重于应用层面。经验知识和技术诀窍则是从实践中产生的隐性知识，主要来自相关企业。

技术学习过程尤其需要重视隐性知识的学习。技术诀窍等只可意会的知识往往是企业竞争优势的来源。隐性知识的吸收直接决定了技术学习的成效[177]。由于隐性技术知识的获得需要大量的研发与制造实践，需要一个不断纠错的过程，国内企业所积累的隐性知识的存量相对较少。因此，对当前国内企业来说，技术学习的核心任务之一便是积累隐性技术知识，充分消化现有技术。

可见，企业技术学习的内容应该是多方面的，尤其要注重隐性知识的积累，同时也要加强显性知识的摄取和转化。只有企业的知识和信息不断流转才可能完成知识的积累和创造。

3.2.3 企业研发联盟技术学习的层次

企业研发联盟技术学习包括四个层次：个人（研发人员、技术人员、管理人员）之间的学习、项目团队之间的学习、企业层次知识的传播和共享、联盟企业间的相互学习（见图3-2）。个人之间的学习属于操作层面的技术学习，指员工通过实践来积累知识、技巧、经验，如员工对于刚引进的技术、设备的掌握。项目团队之间的学习属于战术层面的技术学习，它使企业通过更加有效的方式开展研发工作。企业层面和跨企业学习属于战略层次的技术学习，其核心在于寻找战略性合作伙伴、维护伙伴关系、制定企业技术学习的各项规划。

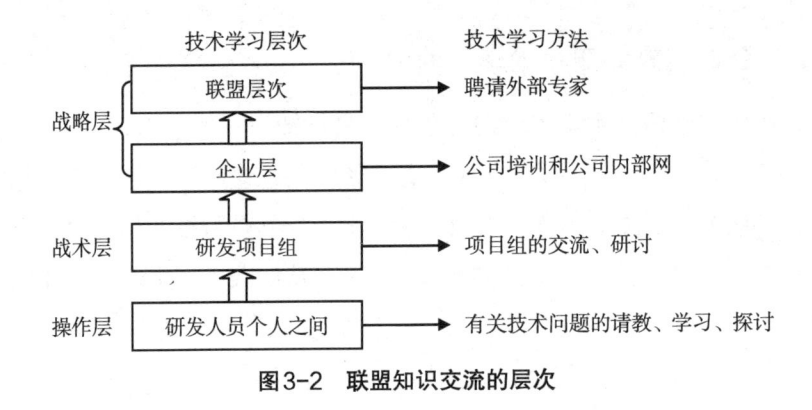

```
            技术学习层次              技术学习方法
        ┌─ 联盟层次 ─────────→ 聘请外部专家
   战略层┤      ↑
        └─ 企业层 ─────────→ 公司培训和公司内部网
                 ↑
   战术层   研发项目组 ─────────→ 项目组的交流、研讨
                 ↑
   操作层  研发人员个人之间 ─────→ 有关技术问题的请教、学习、探讨
```

图3-2 联盟知识交流的层次

不同层面的技术学习是相辅相成的。更好地推动企业技术学习，需要加强不同学习单元、不同层次主体的交流和互动，进而为组织创建有利于学习的内部环境。要有效提升企业技术学习的效率，就要加强各层次之间的知识传递和转换。如企业的知识库有助于增加个人的显性知识，个人显性知识的增加对个人的隐性知识获取有所帮助，个体隐性知识的感悟和总结进一步固化为新的显性知识，团队对这些显性知识的积累进一步充实了团队和组织整体的显性知识库。

可以采取如图3-3所示的指标对各层次主体技术学习的情况进行评价。

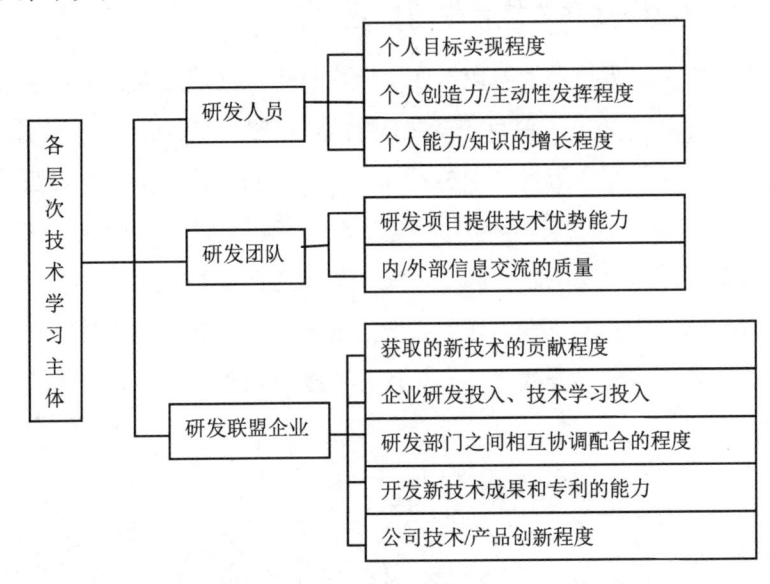

```
                        ┌─ 个人目标实现程度
              ┌─研发人员─┼─ 个人创造力/主动性发挥程度
              │         └─ 个人能力/知识的增长程度
              │
   各层次技术  │         ┌─ 研发项目提供技术优势能力
   学习主体 ──┼─研发团队─┤
              │         └─ 内/外部信息交流的质量
              │
              │         ┌─ 获取的新技术的贡献程度
              │         ├─ 企业研发投入、技术学习投入
              └─研发联盟├─ 研发部门之间相互协调配合的程度
                 企业   ├─ 开发新技术成果和专利的能力
                        └─ 公司技术/产品创新程度
```

图3-3 各层次主体技术学习的评价

3.3 企业研发联盟技术学习的动力机制

企业技术获取方式包括自主开发、外部技术购买和组建战略联盟。自主开发虽能掌握自主知识产权，但成本高、风险大、效率低；外部技术购买由于其隐性知识难获取，不能带来企业技术能力的根本性提高；基于联盟的技术学习正好可以弥补上述两种方式的缺陷，既能共享成本和风险，又便于隐性知识的转移，不失为企业外部技术获取的最为有效的方式。三种方式的比较如表3-1所示。

表3-1 企业技术获取的方式比较

技术获取方式	优点	缺点
企业自主开发	掌握自主知识产权	周期长，投入大，独自承担风险
外部技术购买	时间短，见效快，可立马投入使用	隐性知识难获取，只知其然却不知其所以然
联盟技术学习	实现技术优势互补，便于隐性知识转移，共享成本和风险，共同攻克技术壁垒，开发复杂产品，制定技术标准	自身技术可能外溢，应注重知识保护

不同的企业分别存在各自的技术优势，组建研发联盟，一方面所有联盟成员都能够快速学习对方的先进技术，另一方面也能发挥各自研发优势，攻克新技术的难点，应对技术封锁的挑战。各自具有一定技术实力的企业组成研发联盟，必然能够做到优势互补、强强联合，共同提高双方的技术水平。获取技术资源、弥补"战略缺口"、分担研究发展的成本和风险、共同攻克技术壁垒是企业组建研发联盟的最根本目的。

除此之外，Kogut（1988）指出，企业建立合作联盟是为了学习对方的组织知识，即该企业所专有的组织惯例或技能。对这种隐性知识，只有通过合作联盟才能够取得[67]。研发联盟提供了一种外部学习的机会，通过与联盟伙伴互动的学习机制,可以增加知识来源,同时提高组织创造知识的能力并拓展特定的技术领域[178]。

获取上下游技术、联合开发专利、知识产权共享、技术标准制定、交叉许可、共同突破技术壁垒等都是企业研发联盟技术学习的动机。

(1) 共担研发成本与风险。由于技术复杂性、技术开发及市场变化不确定性的日益增加,技术开发的成本也越来越高,风险也越来越大。高科技使企业技术创新常常伴随着高风险。技术创新中常碰到难以突破的技术障碍,使产品研发拖延或终止;有时即使技术开发上成功但在新产品市场化方面却不尽如人意,形成巨大的财务负担。在这种情况下,组建企业研发联盟是分摊风险和成本的最佳选择。研发联盟可以分担研发的成本与风险,弥补单个企业研发投资能力与风险承受能力的不足。通过建立战略联盟可以聚集更多的技术创新资源,分散技术开发费用与潜在风险。通过在合作公司之间分摊研发的成本与风险,合作研究就可以降低研究项目失败给任何参与公司带来的损失。英特尔公司联合众多公司开发互联网技术就是一个典型的例子。英特尔公司认为新的互联网技术有很高的潜力,同时也构成潜在风险。为避免风险,英特尔联合许多公司共同涉足发展互联网技术。又如,美国波音公司在研制世界上最大的商用飞机发动机时之所以要寻找研发合作伙伴,就是为了分摊这项预计耗资12亿~20亿美元的巨大投资与风险。

(2) 提高研发效率,加快创新速度。创新理论的先驱熊彼特曾经指出,创新不是孤立事件,而是成簇地发生。当某项基本的技术创新出现之后,由其内含的核心技术可以引发或促成一系列在技术上与之互有关联的创新,从而形成一个技术关联型的创新组合。这些相关创新既包括对这项基本创新本身的技术改进,又包括利用这项创新所产生的新技术。联盟合作创新是消除技术创新低水平重复、加速技术进步的重要途径。通过联盟,企业可以共享最新的产业信息和科技新知识,减少由于竞争而导致的重复研究,聚集各企业的技术和人才资源,共同进行基本技术创新的开发,并在基本创新技术基础上,进行相关联的技术持续创新,共享一系列创新成果。这样就可以加快技术创新速度,大大提高技术创新的效率。合作还会通过创新的规模经济效应来提高研究与开发的效率。

（3）实现技术优势互补。联盟建立后，成员间共同研究开发新技术和新产品，合作双方共享信息资源，实现技术优势互补，不断使各自技术的独立价值尽可能提高，且使各自的网络外部价值达到最大，藉以达到"双赢"或"多赢"的协同效应。高科技技术创新通常大量使用资金、设备、人才、专利和专有技术等多种资源。一项新产品从开发到售后服务已构成一个庞大的系统工程，对于单个企业来看，技术创新资源常显不足。如果企业自己积蓄这些技术资源，可能要花费很长时间，错失技术开发的良机。但是在高科技产业中企业在不同的经营领域各有优势，各具特色。在这种情况下，具有互补性技术资源的企业之间如能把对方的技术专长嫁接到自己的技术上，弥补自己的技术不足和空白，将有效提高企业的竞争能力。通过联盟承担巨额的研究开发费用，进行技术优势互补，还可以扩大信息传递的密度和速度，避免单个企业在研发中的盲目性和孤军作战导致行业范围的重复劳动和资源浪费。施乐公司用影印技术专利与富士公司的生产技术能力结合起来，各自获得互补性技术资源，生产出高质量的中高档影印机就是一个成功的例子。

Park 和 Luo（2001）研究发现，如果企业拥有的资源或技术能力在市场上是独一无一的，那么企业就不会考虑跟其他企业进行联盟。研发联盟各方的资源与技术应当具有互补性，并通过交换双方各自所拥有的资源优势达到取长补短，互通有无的目的。在我国现阶段若要迅速提高企业技术创新能力，必须首先优化资源配置，提高科技资源的利用效率。在创新资源规模增长有限的情况下，企业之间、企业与科研院所和高等院校之间开展合作创新，是实现技术优势互补、创新资源有效配置的重要途径。

（4）降低技术学习成本。知识经济时代，学习是企业成功的关键。企业要针对外部的挑战和机遇，根据自身拥有的资源和技术，通过周密计划的学习过程来弥补自身的不足和弱点，建立独特的核心专长，进而形成自己的竞争优势。由于隐性知识越来越多，企业如果只依靠自己投入资源获取知识来满足自身需要将日益困难。联盟是一种低成本的学习机会，是获取知识的一种最佳形式。企业通过技术合作，可以很快学到先进的技术，获取新知识，并将其与自身的核心能力融合，使可持续发展的竞争优势得以加强，核心专长得以扩展，迅速跨入行业领先地位。

（5）快速获取接触新技术。在高科技日新月异的知识创新时代，高技术企业需要时时关注获取外部新技术，不断与外界进行技术信息交流，即使大企业也存在这样的压力。研发联盟是企业接触获取新技术的有效途径。在新技术发展的早期阶段，技术和市场有相当高的不确定性，高科技企业利用研发联盟跟踪新技术并了解它们。企业一旦认为某项技术的开发时机已经成熟，迅速与持有该技术的企业形成合作关系，抢先进入新市场。通过研发联盟特别是跨国研发联盟不仅可以使参与者追踪企业外部环境的技术创新发展动态，为企业内部的技术创新过程提供新的思想、新的技术、新的技能与新的活力。

另外，研发具有收益递增效益。一般来说，大规模的研发项目常常比小规模的研发项目产生相对更多或更有价值的创新。因为研发联盟有多个参与者，其技术创新实力强于企业单独创新的实力，所获得的创新成果自然要多于单个企业的成果。在技术知识外溢的作用下，联盟企业在已有成果的基础上进一步创新，进一步发展新的研发联盟，逐渐形成创新的规模经济。国外研究表明，一个企业所建立的研发合作关系越广泛，其所获得的或可使用的专利就越多。

（6）共同开发复杂技术产品。随着高技术的发展，越来越多的企业不得不处理多个学科相互交织、多种技术相互融合的复杂科学技术问题。许多高新技术的开发没有多种知识和技术的融汇与综合是行不通的。医药、信息与微电子、生物技术等高技术领域，蕴含在每一种产品中的技术种类都在不断增多。然而，要求这些领域的每一家企业都具备多种必要的创新知识和资源是不现实的。所以，综合复杂技术领域更鼓励企业与其他领域具有不同科学技术优势的企业合作。获得新知识和互补技术，进入新的技术领域是企业寻求合作的最重要的动机。

并且，技术作为一种特殊的交易产品，如果越复杂，交易的合同复杂性就越高，交易的成本也就越高，因为买方和卖方之间信息往往不对称。这样作为企业获取必要知识和技术的市场将越无效率。因为，市场不能有效而快捷地惩罚技术的机会主义者和技术的恶意篡改者，为了最大限度地减少由于投机技术开发而带来的损害，很多企业不得不采用技术的保护机制，使得技术的买方很难涉及卖方商业秘密或拥有所有权的知识。而技术合作联盟则构成了在市场和合作方之间的一个中介机制，打破了企业壁垒，通过研究人员之间相互接触、参与、讲授和演示，有利于企业间技术转移，可极大地降低交易费用。因此，技术越是复杂的企业，越有可能选择合作研发。

（7）共同制定行业技术标准。由于受市场全球化和技术复杂化的影响，R&D战略联盟成为企业建立新技术标准的有效手段。技术标准是高科技企业竞争制胜的法宝，高科技企业一旦在市场上建立技术标准，将获得技术垄断优势地位。缔结战略联盟的企业不仅影响了产品的开发速度，还可能在产品尚处于发明阶段就确立了行业技术标准和技术规格，并将技术标准与知识产权保护相结合，从而使联盟外的企业不能通过合法许可实施逆向工程。同时技术标准的排他性使联盟外部企业不得不花费大量时间和成本来适应确定的技术标准，从而提高了行业进入壁垒，降低了技术溢出效应，增强了联盟企业对技术的垄断。

同时由于技术标准的高覆盖率要求，仅凭单个企业的力量往往很难在市场上形成绝对的垄断优势，需要借助研发联盟使技术标准在上下游企业、竞争对手间广泛扩散，才能形成稳固的技术标准。菲利浦公司和索尼公司建立研发联盟对CD进行兼容性改进，共同拓展CD技术标准，并将其发展成为全球CD行业的技术标准就是一个典型的成功例证。我国也不乏通过联盟技术学习提出自主标准的例子，如电子信息行业的3G标准（TD-SCDMA）、国产数字电视标准、无线局域网络标准（WAPI），这些标准都是多方联盟共同研发的结果（见表3-2）。

表3-2　我国企业研发联盟技术标准制定

技术标准	研发联盟成员
3G标准（TD-SCDMA）（我国第一个具有自主知识产权的国际标准）	大唐电信、南方高科、华立、华为、联想、中兴、中国电子、中国普天8家知名通信企业为首批成员
中国音视频产业联盟（AVSA）	TCL、北京海尔广科、创维、华为、海信、浪潮、长虹、上广电、中兴等
无线局域网络标准（WAPI）	中国移动、中国联通、中国电信、中国网通、联想、华为、中兴、方正、大唐电信等26家成员
国产EVD联盟	EVD技术提供商、芯片制造商、硬件生产商、内容供应商、渠道销售商
"e家佳"中国家庭网络标准产业联盟	海尔牵头，清华同方、中国网通、上海广电集团、春兰集团、长城集团、上海贝岭等共同组建
广东省数字家庭产业联盟	TCL、广东移动、创维、Intel、微软等

3.4　企业研发联盟技术学习的影响机制

　　Ingham和Mothe[179]（1998）观察了欧洲高技术企业参与R&D合作联盟组织的学习过程，发现企业的技术学习能力、创新能力与以下六个因素有关：合作方的相互信任、企业中研究开发活动的集成性、获得足够的互补性资产、合作过程中各成员的参与程度和合作动机、企业自身的研究开发经验、技术联盟中企业的数量。汤建影、黄瑞华[180]（2005）认为决定合作研发联盟企业间知识共享效果的主要因素包括合作伙伴拥有的技术资源强度、企业的组织学习能力、共享知识的技术壁垒属性、合作伙伴间的相容性水平等。

　　还有其他一些学者也对影响企业研发联盟技术学习程度和效率的要素进行了研究，例如，企业参与联盟的战略动机，知识特性（包括隐性程度的大小、内嵌形式和程度、核心知识还是边缘知识等），吸收能力和转移能力，

第3章 企业研发联盟技术学习的机理

企业间文化差异，企业间信任程度，技术持有方知识保护措施及其力度，企业间组织差异，技术转移渠道，知识转移的激励机制，企业间关系强度等。

对企业研发联盟技术学习影响因素的探讨比较丰富，但这些研究都还比较分散，鲜有学者对此进行清晰的分类和全面系统的分析，且大多数研究都忽略了伙伴关系对联盟技术学习的影响。本书作者认为，可以将影响企业研发联盟技术学习的关键因素分为四大类（见图3-4）。（1）与技术本身特性有关的因素：包括技术的复杂程度、可表述性、专用性、黏滞性等。（2）与技术传递方有关的因素：技术转移意向、技术保护程度、技术转移能力。（3）与技术学习方有关的因素：知识吸收意识、前期技术积累、学习吸收能力、知识挖掘能力。（4）与企业间关系有关的因素：文化距离、知识基础的相似性和互补性、合作经验、信任程度、信息沟通强度、冲突管理、治理结构等。

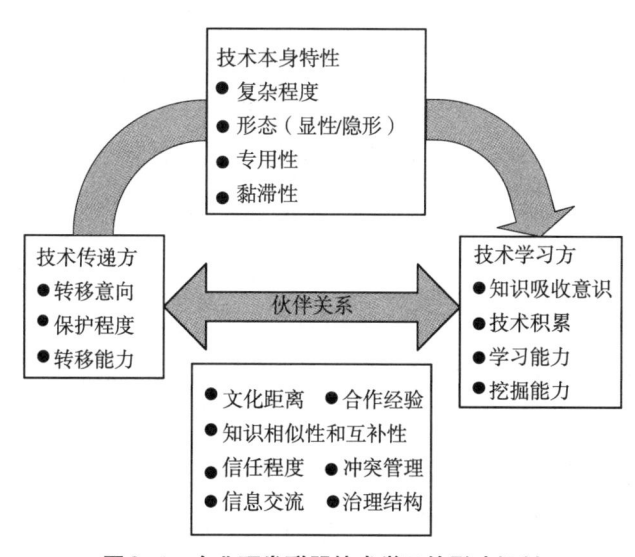

图3-4 企业研发联盟技术学习的影响机制

3.4.1 技术本身特性

技术本身作为人类改造世界过程中获取的知识，具有其自身的发展规律和特点。技术本身的特性影响战略联盟企业间的技术学习。瑞典的 Lars Hakanson 和 Robert Nobel[181]分析发现技术的标准化状况、可观察性、对作业团队的依赖性、时间价值这四种状态对技术的转移和学习存在很大的影响。Teece（1981）认为技术知识隐含性越大，越要求有更丰富的媒介去实现技术知识的转移。作者认为，技术的复杂程度、技术的显性/隐性形态、技术的专用性、模块化程度、技术生命周期等都会对企业研发联盟技术学习产生一定的影响。

3.4.1.1 复杂度

技术的复杂性是指与特定的技术相关联的知识、惯例和资源的数量。技术是一种系统知识，对技术复杂性的研究来自对系统的思考。Simon（1962）认为，一个系统由许多独一无二的并且相互作用的元素构成，这些元素在系统的运行中发挥着重要的作用。了解单一要素的工作原理并不能保证完全理解整个系统的运行过程。由于技术构成成分比较复杂，与特定的知识与资产相互关联，从而抑制了其他企业对其模仿和学习。比如某个复杂的技能可能是多学科知识的综合，分布于不同的员工和部门之中，是多个员工和部门共同合作的成果，需要许多部门和人员的共同协作。这样的知识整体就不容易结合起来被联盟伙伴理解和吸收，从而造成了知识的复杂性，增加了知识被理解和学习的难度，削弱了技术的可转移性和技术学习的绩效。

3.4.1.2 显性/隐性形态

显性和隐性，是技术知识最为主要的特性，对跨企业的学习有重要影响。知识的显性和隐性体现出知识是否能够编码和是否能够以正式而系统的语言进行表达传输的性质。显性知识是指能够用规范化、科学化的语言和文字明确表达、传递和学习的知识，存在于合同、备忘录、数据库或产品中，能够以现实数据和编码的形式进行系统而便利的交流。而隐性知识是指难以表述、隐含于过程和行动中的非结构化知识，具体表现为个人的技能、经验、诀窍、心智模式、解决问题的方式或组织惯例等。隐性知识不易被模仿，很难与他人共享和交流，所以在战略联盟企业之间传播和共享有一定的难度。

知识显性和隐性本质的不同影响知识获取的速率和效率，通常隐性知识的转移比显性知识的转移更加困难、费时和高成本。复杂的技术往往包含大量隐性知识[182]。Simonin通过知识的隐性对知识模糊性的影响阐述了知识隐性对知识转移结果的影响[183]。Leonard[184]也指出知识的隐性化或结构化程度会影响知识转移的深度。因此，知识的隐性是限制企业间技术学习的重要因素，在企业研发联盟中，技术知识的隐性程度越高，组织间技术学习的效率就越低。

3.4.1.3 专用性

技术的专有性是指基于现有的科学原理及材料选择推导出来的，针对某问题的特定的解决方法，是企业知识对自己的企业历史背景和组织环境的依赖程度的体现，是在一个特定的企业运用或以某种特定的方式运用使该技术的效用发挥到最大（Williamson，1985）。专有性知识一旦离开了知识源企业，其价值就会大大下降，对知识获得方企业的贡献作用将不是特别明显。技术知识是一种资产，专有性越强，其他企业成功学习的难度将越大，专有性与复杂性是线性相关的。

技术的专有性在相当程度上影响了技术知识在组织间的共享。技术知识的发展是一个持续演化的过程，技术能力的累积又需要一个长期的过程，因此，一企业所形成的专有技术知识无法在短时间内被另一企业学习到。技术的专用性影响到战略联盟合作方投入合作项目中的知识的可交流的程度。技术和诀窍一般与联盟的合作项目密切相关，专用性较强，交流到联盟内其他企业的非合作业务的难度比较大。技术的专用性决定了知识在战略联盟中交流的收益，专用性越高，则战略联盟所获得的价值就越低。同时技术的专用性亦提高了联盟伙伴退出联盟的成本，降低其采取不合作态度的风险。

3.4.1.4 模块化程度

技术知识的模块化程度也会影响组织间的知识学习。若技术的模块化程度较高，各个组成部分可以分别设计并具有并行性，而不会降低整个技术系统的完整性。不同企业的技术模块可以通过接口实现技术知识在组织间的共享。接口标准不同，决定了技术性知识共享的范围。标准的模块接口可以使合作研发企业之间采用"嵌入"或"拼装"的方式重新创造新的知识。技术知识的模块化也隐含了组织间共享的知识必须具有可分割性。知识可以分割成若干部分，不仅可以提高学习的效率，同时也有利于组织间的传输。

3.4.1.5 技术生命周期

技术的生命周期也会对企业的技术学习产生影响。在技术发展范式中，最初阶段主要是产品创新；随着主导设计的出现，会逐渐转向过程创新。这样，企业在前一阶段的学习主要围绕着产品改进相关的知识，其涉及的领域较为宽广；随着产品的逐步定型稳定，企业的知识学习吸收则会转向工艺、成本等技术性知识。

3.4.2 学习对象的配合程度

研发战略联盟的技术学习受到联盟伙伴的配合程度的影响，受到技术拥有者可转移知识流的总量、技术转移的意愿和技术转移能力的影响。如果知识拥有者没有合作的诚意，对核心技术采取保密措施，基于联盟的技术学习将变得异常困难。

3.4.2.1 技术转移意愿

技术转移意愿是指联盟中合作双方的知识开放程度和转移技术和知识的意愿。只有当合作各方对知识和技术持开放态度并愿意进行知识和技术转移时，学习过程才有可能发生。技术转移意愿在很大程度上取决于联盟成员企业之间的相互信任程度。技术转移意愿可以从个人和企业两个层次来分析。从个人角度来看，员工从自身竞争力的方面考虑，他们并不是很愿意将自身的知识贡献出来，尤其是核心的专业知识和技术，他们担心在贡献自身的知识和技术以后会失去自己的竞争优势，在联盟企业内部的优势地位会因此受到影响。对于联盟的企业来说，由于各企业间仍为相对独立的实体，各企业会对自身的核心技术和知识产权等问题有所保留，这个时候提高企业间的技术转移意愿是研发联盟必须解决的关键问题。只有建立在相互信任基础上的自愿的技术交流才会产生战略联盟所预期的效果，否则战略联盟合作的技术学习无法实现。

3.4.2.2 技术保护程度

在研发联盟中，在要转移的知识方面，技术传递方的技术水平必定高于技术学习方企业的知识水平，也就是存在所谓的知识势差。而这些技术知识对传递方企业来说往往是其竞争优势的主要来源，因此他们有保护核心知识以防外泄的戒备心理。Siminion（1999）认为知识提供者的保护动机影响了其技术转移的意愿，从而影响了联盟伙伴技术学习的开展。如果合作伙伴要学习的技术与技术拥有方企业的核心竞争力关联程度低，那么后者对这些知识的保护程度就低，技术学习就相对容易；但是，如果传递方要传递的知识与企业的核心竞争力关联度高，那么，它对这些知识的保护程度就高，导致另一方技术学习的难度也就更大。

3.4.2.3 技术转移能力

技术转移能力是知识拥有者对技术知识的转移能力和传授能力，即知识的转移方通过适当的方式对知识进行解释和编码，确保知识的接受方能理解和接受知识的能力。

研发联盟技术学习的效果主要体现在隐性知识学习方面，知识拥有者传授知识的能力直接影响隐性知识共享的程度。优秀的技术转移方能够手把手地训练知识获取者，不仅根据知识获取者的不同特征和要求采用灵活的传授方式，而且还可以运用一定的技巧借助于一定的实物工具反复不断地演示，以让技术学习方更好地理解。知识拥有者归纳、总结、表述和演示知识的能力越强，隐性知识交流与技术学习的效率就越高。

3.4.3 技术需求方的学习能力

企业本身的能动性很重要。有的企业积极主动获取联盟知识，有的企业则表现被动，满足于依赖伙伴提供知识，使自己坐失学习良机。联盟合作方相互交流的知识包括专业性很强的技术知识和管理类知识，交流过程要求技术学习方能迅速地对新知识作出反馈，吸收、整合这些知识，并用于自己企业的有关研发或生产运作过程中。真正掌握和消化吸收这些交流过来的知识需要一定的理论知识和实践基础，若技术学习方的知识积累丰富且知识、技术吸收能力强，则将大大有利于提高技术学习的效率和效果，并形成正反馈循环（见图3-5）。因此，技术学习方的学习积极性、对学习的投资、知识存量、吸收消化能力等都将对技术学习的效果产生影响。

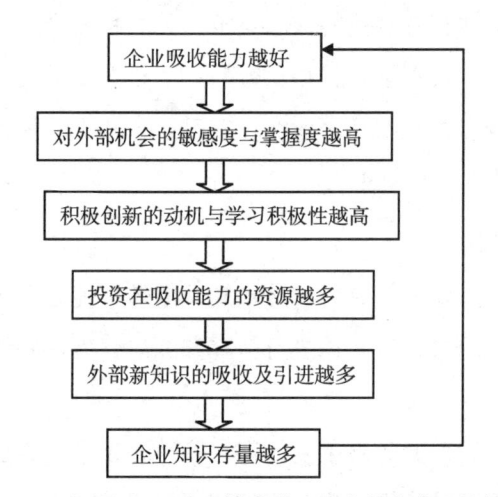

图3-5　企业知识吸收和技术学习能力的自我强化循环

3.4.3.1 学习意图和学习积极性

学习意图就是联盟的企业将战略联盟视为学习新知识和新技术的机会的倾向，即企业是希望通过合作培育核心能力，而不仅仅是想获取某项具体产品或技术。企业必须具有学习的主观意愿，才会鼓励员工积极寻找、参与学习有价值的知识并加以吸收利用。学习意图将影响企业对合作伙伴和合作方式的选择。企业如果存在学习意图，学习往往在战略联盟的设计阶段就开始进行。具有强烈学习意图的知识接受方，更加期望向知识源企业学习和内化技术知识，也必定将更加有效地获取对方的技术和知识原理。Hamel（1991）关于"学习竞赛"的观点强调了学习意图对于学习绩效的影响值得企业重视。他认为，在竞争性学习中，合作一方吸收和内化另一方知识和技术的意图是影响学习进程的关键因素，学习意图越强烈的企业越有可能在学习竞赛（Learning Race）中获胜。

3.4.3.2 投资在技术学习上的资源

对技术学习的研发投入增强了企业对外来技术的吸收、学习和模仿能力，使得企业拥有更强的技术能力去吸收外部的技术扩散，从而提高企业对外部技术的吸收效果。有研究表明，国内企业研发活动的学习、增进吸收能力的作用要远远大于其创新作用。企业在技术学习上的投资会有助于强化其吸收能力，吸收能力越强，越有利于引进和吸收利用新技术，进而有利于新知识和新技术的产生。企业可以通过长期投资于内部的研发活动和累积知识来发展更高水平的吸收能力。

3.4.3.3 技术相似度和知识存量

真正掌握和消化吸收从联盟伙伴处转移过来的知识需要一定的理论知识和实践基础。若联盟各方具有相同的知识背景和相关的实践经验，会在很大程度上降低战略联盟技术学习的难度。企业的技术学习能力由它过去的研发活动所积累的经验和知识所决定。企业自身的技术水平决定了其对外部新知识作出反应的灵敏度和准确度。这要求企业具备一定的知识存量以便更好地吸收和利用联盟合作伙伴的技术和知识。

3.4.3.4 对外部技术的消化吸收能力

组织的吸收能力是指组织辨别有价值的外部知识，进而消化吸收并加以应用的能力。Cohen和Levinthal（1990）认为，企业要想成功利用外部的技术知识就必须具备吸收能力。Lane和Lubatkin（1998）指出，联盟通常使联盟成员企业获得接近合作伙伴隐性知识的机会，而企业拥有足够强大的吸收能力则是把握住这一机会的前提。消化吸收能力包括四方面的内容：识别和获取的能力、分析处理和理解的能力、提炼和转化的能力、合理运用的能力。这四方面能力的整合决定了企业吸收能力的强弱。拥有高水平吸收能力的企业对于外界的新知识具有更强地理解、更快速地吸收的能力，从而具有更高的可能去赢取"学习竞赛"的胜利。

企业进行合作研发，如果仅仅基于对合作方资源的依赖，而不是基于提高自身的组织学习能力，就有可能出现诸如窃取技术、搭便车等败德行为或者造成自身在合作中处于不利地位。吸收能力会直接影响研发联盟知识的跨组织流动与共享。企业累积的知识存量越丰富，组织的吸收能力越强，企业吸收转换外来新知识的速度与效率就越高。知识存量和消化吸收能力对企业技术学习的综合作用效果如图3-6所示。

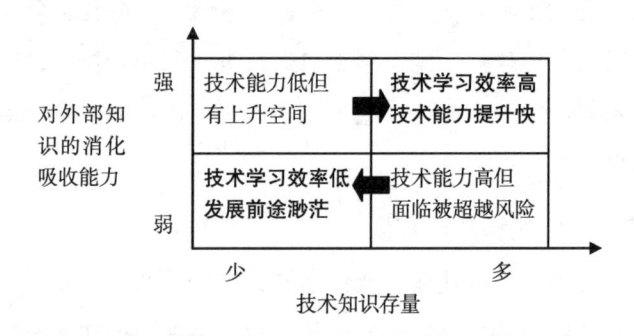

图3-6 知识存量和消化吸收能力对企业技术学习的综合利用

3.4.4 伙伴关系与联盟治理

3.4.4.1 文化差异

在企业战略联盟中，由于国家文化差异和企业自身发展历程差异的客观性，联盟成员文化差异是客观存在的。文化差异主要体现在国家文化差异和企业文化差异两方面。国家文化差异是对来自不同国家的企业来说的，因其受到不同国家文化的影响，它们的企业文化都具有本国国家文化的一些基本特征，而表现出国家文化差异。对同一个国家的企业来说，受到的国家文化的影响是相同的，所不同的是与企业自身发展历程有关的其他内外经营环境因素的影响。由于不同企业处于不同的内外经营环境，经历了不同的企业管理实践，受到了不同内外环境因素和企业管理因素的影响，因而表现出不同的企业文化差异。

Hofstede[185]的国家文化模型把国家文化细分为四个方面：权力距离、男性主义-女性主义（权威）、不确定性规避、个人主义和集体主义的差异性。中国的国家文化特征表现为较强烈的集体主义、风险规避能力差、较大的权力距离（对权威的敬畏）、阴柔倾向。有研究表明，中欧、中美文化差异大，中日、中国与东南亚国家文化差异中等，中国内地与香港、大陆与台湾地区文化差异较小。

企业文化是组织中广泛共享与强烈认同的价值观、规范及行为准则等。鼓励创新的开放性企业文化会使员工乐于共享知识，从而加速组织内外知识的创造过程，最终使联盟企业间共享的知识在质与量上都得到提高。保守的企业文化则会使企业互相隐藏知识，使隐性知识无法转换为显性知识，阻碍知识在企业内部的流通与转换，从而增加企业间知识共享的难度，进而扼杀企业的学习和创新能力。

学习与被学习企业之间的文化适应性（Culture Fitness）是影响联盟内企业间技术学习绩效的重要因素。一些学者指责文化冲突潜在地阻碍了联盟的绩效和效率，另外一些研究则认为明智地对待文化差异恰恰能够提升联盟企业的竞争优势（Dupriez和Simon，2000；Morosini，1998）。Schneider和Barsoux[186]（1997）提出，跨文化管理的关键因素在于认识到其任务不是去中和或包容文化差异，而应该依赖于这种差异，培育跨文化学习和参与能力。在不同管理策略下，文化差异对技术学习的作用效果如图3-7所示。协调文化差异和控制企业文化冲突的基本策略是相互尊重和沟通。

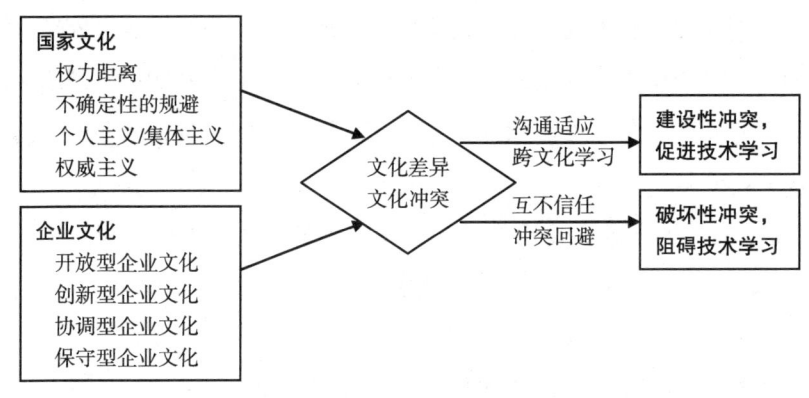

图3-7 文化差异对联盟技术学习的作用效果

联盟企业在伙伴选择阶段就应对企业间的文化差异进行识别和评估，将文化差异限制在可控范围，并积极建设有益于联盟技术学习的文化融合机制（见图3-8）。

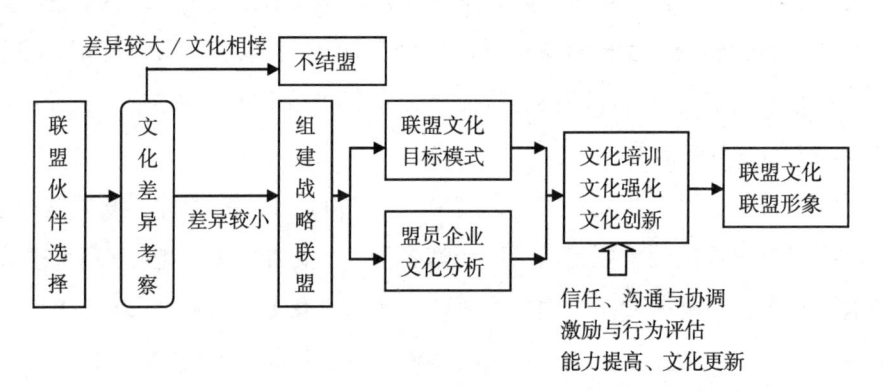

图3-8 联盟企业文化融合机制

3.4.4.2 知识基础的相似性和互补性

联盟内企业的知识和资源基础的相似性、互补性和伙伴资源的可利用程度决定着学习企业的学习绩效。如果两企业拥有共同的知识背景，那么联盟中所进行的组织学习将会更加成功（Lane和Lubatkin，1998）。如果学习企业想要在组织学习中具有高的绩效，那么它拥有的知识基础应该与合作伙伴的知识基础具有某种程度的相似性，并且伙伴资源应具有一定的可利用性（见图3-9）。由此看来，与竞争者结盟将会更有利于组织学习，因为他们在多数情况下拥有共同的知识背景，并且对方的技术资源具有极高的可利用性。共同的知识背景使得技术转移方与接受方的知识结构一致，因为表达和理解这些知识的语言和编码都已被熟知，则对方的知识更加容易被获取和使用。同时，知识互补性越强，资源可利用程度越高，联盟双方越愿意共享自身的知识，双方的竞争力提升更快。在两者技术存在巨大差异的情况下，即使企业拥有巨大的学习潜力，要创造学习关系仍会困难重重（Inkpen，1998）。

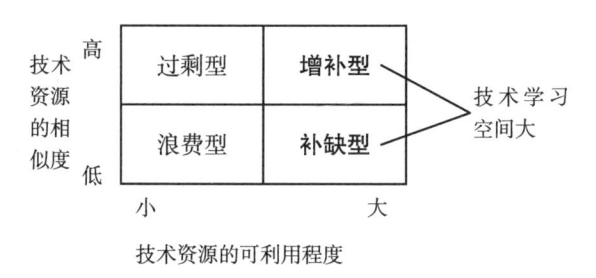

图3-9　战略联盟技术资源组合形式与技术学习效果的关心

3.4.4.3　合作经验

合作经验从两个方面促进企业通过联盟方式进行学习：一是在过去的联盟中形成的经验；二是与同一伙伴合作的经验。从第一个方面来看，联盟以前的合作经验是一把双刃剑。当后来的联盟环境与以前的联盟经历具有很大的相似性时，那么从原先联盟处获得的成功经验运用到其后的处理中将有助于提高学习的效果，失败经验也能为以后的联盟提供借鉴。从第二个方面来看，当联盟双方之前曾有一定的合作历史，则双方可能已经建立了一定程度的信任关系（Gulati[77]，1995）。成功的合作经历会增进合作各方的相互了解和相互信任，增加合作关系的紧密度，从而影响技术学习和知识转移的难易程度。紧密的伙伴关系会鼓励合作者彼此之间互相开放，有利于企业获得更多的机会和渠道去共享知识，使组织间的学习更为有效。

3.4.4.4 信息沟通

战略联盟合作下的技术学习离不开信息交流的过程。联盟各方通过沟通所获得的信息和知识是技术学习的载体,频繁的相互接触和交流将促进企业间的知识分享与获取,因此有效的联盟成员间信息沟通是完成组织间知识转移任务的主要手段。战略联盟中成员间沟通效率越高,联盟的技术学习效果越好。

联盟中企业间信息交流的有效性可以从三个维度来衡量:沟通的频率、沟通的反馈情况和沟通渠道的完备程度。高效的知识交流的辅助性工具能加快战略联盟企业间信息沟通的进行。联盟企业通常都会建立计算机信息系统作为辅助设施,编制统一高效的数据库,聘用专门的数据库管理人员来管理,提供高效的信息服务支持,有助于企业从组织外部获取知识,然后通过信息沟通网络在组织内传播,从而构成组织知识,进而成为组织学习的知识基础。同时,企业还应充分发挥正式组织和非正式组织的作用,进一步拓宽技术学习的信息交流渠道。

3.4.4.5 信任程度

联盟成员企业之间的相互信任是影响组织学习的关键因素,因为合作的主要风险之一就是信息泄露和潜在目标冲突。信任是成员各方共同的依赖关系,这种依赖关系可以保证彼此不会被利用或相互攻击对方的弱点。信任可以减轻合作各方对知识的保护意识,使各方不必担心机会主义行为和搭便车问题,从而有助于在合作者之间建立知识共享惯例。同时相互信任的氛围有利于合作伙伴之间信息的自由交流,为各方提供有利的学习环境。如果合作各方缺乏信任,信息交流的准确性、时效性等方面会降低。可见,信任程度决定了共享知识的数量和质量。

已有大量文献研究战略联盟的信任问题,认为这样一种信任实际上是战略联盟的关系资本。信任无法通过联盟契约强制实现,只能通过双方长期的交流来逐渐积累。Inkpen[121](1998)认为,在联盟成立之初合作伙伴可能因为缺乏信任而发生摩擦,如果双方没有合作经历就更会如此。随着联盟关系的发展，信任的逐渐增强和相互理解的深入，企业将会减少对知识保护的措施，从而有利于联盟内企业的学习。要建立起组织之间的相互信任，首先联盟内的企业必须有较为长期的合作视角，并能够保证合作双方实现互惠互利。

3.4.4.6 冲突管理

由于合作各方在知识结构、组织文化等方面存在差异，合作成员间的冲突在所难免。冲突对合作成员间学习的影响既有积极的一面，也有消极的一面，关键看冲突的程度。Chen[187]通过实证研究得出组织间知识转移与冲突水平间的关系是一种倒U型关系。适度的冲突可使合作各方进行有利于共同发展的相互间的批评和自我批评，促进组织间的学习；过度的冲突会伤害成员间的合作和互信，破坏合作关系的稳定，削弱大学、科研机构与企业分享知识的意愿，对组织间学习产生负面影响（见表3-3）。

表3-3 伙伴冲突对联盟技术学习的作用效果

建设性作用	破坏性作用
丰富联盟的思维方式，避免思维的模式化 激发创造性和新知识、新思想的出现 刺激变革 增进联盟的活力 帮助个体、团队和组织的协调一致 使问题公开化、有助于问题的解决 拓宽资源获取来源 提高联盟对环境的应变能力和适应能力	使联盟的管理变得更为复杂 增加联盟管理的交易成本 给冲突双方造成一种压力 造成工作效率低下 造成资源浪费 形成不良的竞合环境 使联盟的凝聚力降低 使合作伙伴产生敌对情绪

3.4.4.7 联盟的治理结构

联盟企业间的技术学习还受到研发联盟治理结构的影响。相比于契约型联盟，基于股权的联盟成员企业或合资企业伙伴间会更多地参与对方的技术活动，有更多深入学习的机会（见表3-4）。

表3-4　联盟治理结构对联盟成员企业技术学习的影响

联盟治理结构	联盟特征	技术学习特征
契约型联盟（合同或项目型）	联盟成员间有明确的合作目标和合作项目，目标完成后联盟即可解散	显性知识学习有明确的契约规定，隐性知识的传播和学习几乎不可能
股权式联盟（合资或股权投资）	联盟成员长期、深入合作	很容易发生显性、隐性知识的转移，长期、全方位、多层次的技术学习

由于联盟结构模式的选择是联盟双方共同决策的结果，要针对不同的技术学习目标来设计不同的联盟组织形式才更可能取得成功（见表3-5）。

表3-5　技术学习目标与对应的最佳的联盟组织模式

技术学习的内容	知识供给企业	技术学习企业	可能达成共识的联盟结构模式
显性知识	低传授意向	学习吸收能力高	少量股权投资联盟
		学习吸收能力低	合资联盟
隐性知识	高传授意向	学习吸收能力高	短期合同或特许经营
		学习吸收能力低	中长期合同或特许经营

在基于显性知识供给而知识供给企业具有低的传授意向时，合资联盟或少量股权投资联盟应是知识供给企业优先考虑的结构模式。如果技术学习企业具有高的吸收能力，则少量股权投资联盟比较适合。因为在该结构模式下，联盟成员共同的抵押和较长的合作期限能减少机会主义行为的发生，而且其合作密切程度低于合资联盟，知识泄露相对较困难。如果技术学习企业具有低的吸收能力，知识供给企业可考虑选择合资联盟。一方面，凭借合资企业员工间的充分接触，可以增加知识转移效果，符合联盟合作的宗旨。另一方面，合资联盟较高的撤出成本可以在一定程度上抑制机会主义行为。

在基于隐性知识供给而知识供给企业具有高的传授意向时，可选择非股权联盟结构模式。如果技术学习企业有高的吸收能力，知识供给企业将以签订短期合同或特许经营形式的非股权联盟作为一种较优的选择。如果技术学习企业有低的吸收能力，能进一步减轻或解除知识供给企业对于知识泄露的担心，知识供给企业可考虑选择中长期合同或特许经营等非股权联盟形式。

3.5 企业研发联盟技术学习的制约机制

若对上节所述的影响因素处理不好，便会对研发联盟企业之间的技术学习带来一定的障碍和负面影响，主要表现在以下几个方面。

3.5.1 技术属性障碍

技术属性障碍主要表现在技术知识本身的专用性、内隐性、复杂性和路径依赖性带来的学习障碍。①专用性障碍。知识的专用性指的是知识对知识源的依赖程度，即这些知识只对知识源有价值，一旦离开知识源，价值下降的程度就比较大。技术学习所涉及的知识有一些为企业专属的技术知识，这种知识通常与特定的时空背景相关，离开了这种背景，就会降低其创造价值的能力与效率。②复杂性障碍。知识的复杂度越高，技术原理越深奥、结构越复杂、专业性越强、信息含量越大，能够理解和掌握这些知识的人就越少，可转移性就越差，由此而形成的技术学习的难度就越大。③路径依赖性障碍。技术知识通常具有路径依赖性，是基于现有的科学原理及材料选择推导出来的针对某问题的特定的解决方法。技术能力的累积是一个长期的持续演化的过程，由企业的技术能力所决定。一方面，知识是特定环境的产物，在转移过程中，知识会对新环境产生一种排它作用；另一方面，知识的积累必须以一定的知识存量为基础，缺乏相关的知识积累，行为主体就无法在短期内学习和吸收其他知识。

3.5.2 技术保护障碍

技术保护障碍表现为合作伙伴不给学习的机会，不让接触核心技术，甚至故意阻碍知识流入联盟之中。造成技术保护障碍的直接原因是联盟伙伴之间存在一些复杂的关系，害怕知识溢出或泄漏，如联盟各方都可能担心自己不小心让对方获取了自己的核心技术和知识，而直接成为自己强有力的竞争对手，因而对自身的核心能力总是有所保护，不愿意转移最先进的知识和技术，这样影响了研发联盟技术学习的效果。归根结底，技术保护障碍是由合作伙伴之间的竞争性关系所决定的。

技术保护障碍表现为强烈的保守垄断意识和只得不舍的欲望，从而引发了以下行为：联盟成员企业或其员工将部分核心知识资产予以保留；数据库开放不完全，如只展示显性知识而保留隐性知识、展示通用性知识而隐藏专有知识；隐瞒部分信息，如技术的不成熟点所在、专利的有效性、国内外同类技术商品化率或扩散情况等；传递无效、虚假甚至错误信息，如将专利申请号改为专利登记号、夸大市场前景、提高专利技术水平评价度；共享的是不成熟技术，尚需进一步投入时间和经济成本才能确知技术的全部情况，如中试的投入风险、替代性技术的进展、潜在竞争对手的情况等。这就必然引发技术学习的极大障碍。

促进开放性的机制有助于克服技术保护障碍。哈默尔指出，开放性取决于合作伙伴共享并公开交流联盟知识的意愿、合作伙伴之间交流的质量与合作伙伴的可渗透性和学习企业的渗透能力。如果企业在资源基础方面不具备相对竞争优势，无法提高合作伙伴交换知识的意愿，就更加有必要提高相对于合作伙伴的学习能力，并充分利用各种学习机会，尽最大可能接触合作伙伴，不但在各个层面上同合作伙伴建立起紧密的联系与互动，还有必要建立非正式渠道的接触。

3.5.3 传授能力障碍

组织中的有些成员虽然有进行知识交流与共享的意愿，但自己的能力所限（如表达能力、编码能力、归纳和整理能力等），导致知识失真或交流的不准确，从而不能成功参与到组织间的知识共享过程中。主要表现为知识源企业转移知识的能力及其主观意识不强，对自身知识是否存在及是什么、有多少的意识程度不足。例如，某个技术员工对某一项工作很有心得，但因为语言表达的不足，导致他难以将知识通过语言或文字传送给同事，在这种情况下，知识交流与共享难以进行。又如，有人想将自己的想法、经验分享给他人，但由于背景、经验的限制却不能让对方意会和理解，这也阻碍了知识交流与共享的进行。传授能力强的企业能够根据合作伙伴的特征对知识进行适当分解，以合适的方式转移知识。知识源企业传授能力越强，越有利于隐性知识的转移和对方的技术学习。

3.5.4 吸收能力障碍

吸收能力障碍是由于技术学习主体企业自身学习能力、吸收能力不足或知识存量不足而导致的知识学习、吸收、应用和创新的效果不理想。在研发联盟中，每一个联盟成员既是知识源也是知识受体，必须同时具有传授与吸收能力。吸收能力包括接受、理解和应用新知识的能力，代表了挖掘知识源拥有的知识的能力。技术学习主体吸收能力越弱，隐性知识转移也越困难。如果技术学习主体的吸收能力比较强，有时可以使知识源企业在共同利益驱使下更愿意转移知识，从而选择更合适的方式加速双方的技术学习。

3.5.5 伙伴关系障碍

伙伴关系障碍来自组织之间的内外部差别，这些差别决定了企业间的文化差异、对竞争利益认识的不同、沟通渠道障碍、信任的缺失等。①文化障碍：文化障碍包括合作各方因为语言、风俗习惯、心智模式、行为模式等差异而引起知识分享障碍，还包括根植于不同文化的文化误解等，在跨国研发联盟中表现尤为突出。不同的企业文化可能为战略联盟的知识共享造成一定的障碍，但若采用一定的措施变劣势为优势，促进多元文化间的相互吸收、相互借鉴，充分利用文化的多样性，进而形成整个联盟的新文化和知识的创新，那将产生巨大的知识价值。②沟通渠道障碍：战略联盟由多个合作伙伴构成，联盟层级过多，就会导致官僚作风和机构臃肿，同时使得知识交流共享渠道不畅、信息传递速度慢，信息衰退速度快，信息失真现象严重，联盟内部人员在接受信息时缺乏足够的适应性和灵活性，不利于联盟企业内部的沟通交流，这必然极大地阻碍企业技术学习的有效实现。③信任障碍：主要是由机会主义带来的，直接后果就是导致自利的知识保护行为。联盟双方的学习竞赛一直与合作过程相伴随。任何一方都害怕对方从自己学习到更多的知识，担心核心技术被窃取，因而尽可能对自己的核心能力进行保护。

3.6 企业研发联盟技术学习运行机制

企业研发联盟技术学习的运行主要涉及以下关键问题：合作伙伴的选择、联盟组织关系的确定、合作研发平台规划和建设、人员互动和知识交流、知识产权明晰等（见图3-10）。

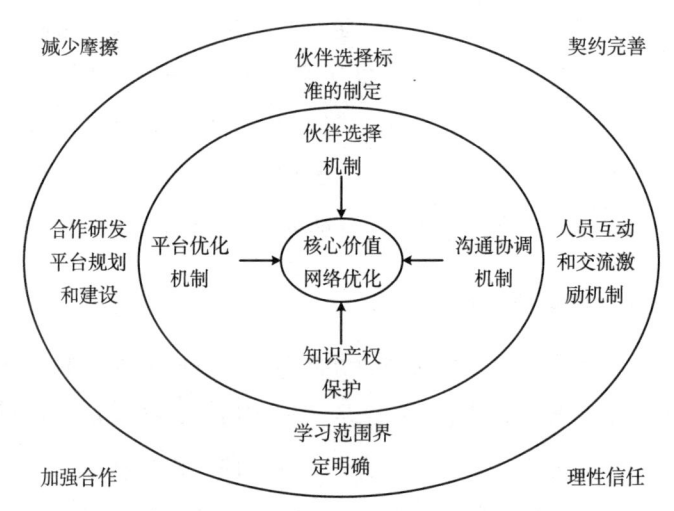

图3-10 企业研发联盟技术学习的运行机制

（1）慎选合作伙伴。伙伴选择机制应该坚持能力相容、优势互补的原则，科学确定联盟伙伴选择的规则和程序。选择合作伙伴时，需要考虑对方的技术优势资源、研发能力、对联盟的态度、经历和信誉、科研成果积累与研发现状等。对联盟伙伴有关因素的充分分析，有助于找到合适的联盟伙伴，以提高联盟的成功率。

（2）建立合理的联盟组织关系。由于联盟成员介于两个或多个组织之间，因此对联盟的管理与传统组织有着明显的不同。在战略联盟组建时应该针对合作的具体情况，约定好合理的组织关系，对合作各方的责、权、利进行明确的界定，以免由于管理混乱或管理不到位影响联盟的正常运作。

（3）合作研发平台的规划、建设和优化。应建立集成硬件设备和软件资源的合作研发平台，为联盟各方提供知识共享、项目合作、技术创新公共场所。

（4）人员互动和知识交流。合作双方良好的沟通与协作对于战略联盟的成败有着重要的影响，很多战略联盟的失败都是由于各方缺乏沟通所致。协调机制的关键在于寻找各方的最佳契合点，加强沟通，提高相互信任，从而提高联盟经营效率的方式与方法。

（5）知识产权明晰和技术学习范围界定清楚。为防止联盟技术学习中的机会主义和知识偷窃行为，在联盟中应形成知识产权保护意识，对知识共享和技术贡献的范围作出清晰、明确的规定，保证联盟技术学习的合理性和合法性。

3.7 企业研发联盟技术学习的管理机制

随着联盟的数量增加和重要性的提高，当研发联盟成为企业技术学习战略的必备要素，当联盟从双边向多边转变，这就使得企业需要关注合作关系的各个相关方面，管理多边复杂联盟向企业提出了一个紧迫的管理课题。管理一个包含数十成员的联盟组合与管理两个企业的合资公司具有本质的不同。成功地管理一组各不相同的合作关系要求企业具有高效的联盟管理工具，要求企业有必要发展专门的联盟管理技能，并逐步使其标准化，以降低参与联盟的风险并提高学习的潜力。管理联盟的经验对大多数企业而言都是至关重要的资源，而联盟管理机制的建立就是获得和积累这种资源的有效途径。Harrigan（1985）也指出，对联盟的管理存在明显的经验曲线效应。

（1）合作伙伴的正确选择。选择合适的合作伙伴可能是合作研发活动管理的首要任务之一。在选择合作伙伴的过程中，一个企业必定会评估其潜在的合作伙伴是否能够建立信任关系，而这主要是依靠以前的历史记录和潜在的合作伙伴目前在联盟网络中的状况。被视作可靠的合作伙伴正逐渐成为一种宝贵的财富。

由于学习是一个双向互动的过程，所以选择合适的合作伙伴对于研发联盟技术学习的重要性是不言而喻的。因此，企业一方面需要建立一套合适的程序去搜寻合适的合作伙伴，另一方面需要收集待选伙伴在核心能力、技术经验和管理经验等方面的具体信息。收集信息的常见方法有专家咨询、非正式接洽、参加技术会议、搜寻专利等。

伙伴选择是研发联盟成功的关键因素。要针对研发联盟项目的内容和条件，从战略的高度寻求和选择硬、软条件较好的技术盟友，以求长期合作。选择与自己实力相近而各自又具有比较优势的合作伙伴可以避免处于弱势地位；尽量利用科研机构、高等院校等没有进行产业化经营的单位作为伙伴，有助于充分发挥这些单位的资源优势，节省研发成本。在评估潜在的研发联盟伙伴时，主要考虑软硬两方面的指标（见表3-6）。

表3-6 伙伴选择的软硬指标

硬指标	软指标
互补的资源或技术、市场状况、财务状况、管理哲学、企业规模	融洽性、互补性、文化、信任、承诺、联盟经验

（2）高层联盟管理职能的设立。组织能够获取、整合和传播联盟管理诀窍或者惯例的最重要的联盟能力是通过构建一个用于获取原有经验的独立的专门组织机制，即所谓的"专有联盟职能"。在西方，联盟部门的设立和联盟经理职业的存在被许多企业证明是改进和提高联盟绩效的一个关键要素（Geert[188]，2002）。

联盟组织需要专门的人员去建立和保持联盟管理的工具和系统。越来越多的企业，如大陆航空公司，安排了一个副总裁级的人员负责企业的联盟。另一个新的职位是企业联盟经理，主要是协助发展联盟的能力并常常负责协调一两个主要的合作关系。设立这些职位的目的并不是要建立一个联盟的官僚机构，而是赋予一些人力将联盟技术学习的思想、文化和技能推广到整个组织。

（3）中低管理层学习代理人的使用。联盟学习代理人是指那些涉及若干个联盟并对关键技术学习负责的人。使用联盟学习代理人的企业比没有学习代理人的企业在技术学习方面要成功得多。这些学习代理人在企业中所处的位置对于联盟的成功同样非常重要，所处的位置越低（越靠近现场），对成功的贡献越大。即学习代理人置于企业最高层对技术学习成功率的影响很小，将他们置于中低管理层则可以提高技术学习绩效，如果没有学习代理人则会使联盟技术学习处于无人负责的低效局面。

这并非说最高管理层不需要关心联盟，而是说那些涉及若干个联盟并对此负责的人应被置于较低的管理层。如果他们被置于最高管理层，他们就会离现场太远，因而对联盟的成功不会产生太大的影响。

（4）联盟技术学习的评估。联盟培训系统是联盟技巧得以扩展的重要途径和联盟管理人员交流的重要场所。联盟评价工具主要包括对联盟成功率的测评、对单个联盟的非系统化评估、对企业不同联盟的比较评估和对联盟贡献率的整体评价。经常性地通过一套正式的方法对不同联盟进行评估和比较，可以获得显著的学习效果，而且在评估的同时也使联盟知识在企业中得到了广泛的传播。联盟经验很少的企业比较适用于单个联盟评估，有丰富联盟经验的企业可以系统地对企业的各个联盟进行相互比较分析。

（5）联盟培训工具的设计。许多学者指出"隐性知识"，如联盟知识和经验，可以通过培训传播给相关人员。联盟培训系统是联盟技巧得以扩展的重要途径和联盟管理人员交流的重要场所。对于低能力水平的企业，联盟培训工具可以针对联盟的某个具体特征并适合于联盟伙伴双方而设计；对于高能力水平企业，针对如何管理联盟能力的培训更能体现其价值。

（6）联盟信息系统的建立。规范化、标准化的联盟信息系统是联盟技术学习的重要媒介，信息系统被用来在组织中分发工具及传播经验，它有许多形式，包括联盟内部知识共享平台、联盟数据库、联盟手册和联盟内部互联网。借助这些信息平台，可以方便地了解所有联盟工具、合作伙伴的历史、可显性化的技术资料和其他一些联盟信息。

3.8 本章小结

　　阐明企业研发联盟技术学习的内涵、特征、原则，从学习对象、学习内容、学习层次三个方面探讨了企业研发联盟技术学习的基本维度，从共担研发风险、提高研发效率、技术优势互补、降低创新成本、快速接触获取新技术、共同开发复杂技术产品、共同制定技术标准等方面探讨了企业研发联盟技术学习的动力机制，从技术本身特性、学习对象的配合程度、技术需求方的学习能力、伙伴关系四个方面探讨了企业研发联盟技术学习的影响机制，从技术属性障碍、技术保护障碍、传授能力障碍、吸收能力障碍、伙伴关系障碍探讨了企业研发联盟技术学习的制约机制，从合作伙伴选择策略、联盟管理职能设立、学习代理人选择、学习评估等方面探讨了企业研发联盟技术学习的运行机制和管理机制。

第4章 企业研发联盟技术学习的竞合博弈分析

4.1 博弈的基础——联盟中的竞合关系

竞合——同时竞争和合作[148],已经在企业联盟网络的构建中占据越来越重要的战略地位。合作意味着共同将饼做大,而竞争又让联盟成员思考如何切分蛋糕,意味着其对大份额蛋糕的争夺。战略联盟改变了传统的以竞争对手消失为目标的对抗性竞争,联盟中竞争与合作并行不悖,为竞争而合作,在合作中竞争,靠合作来竞争,以寻求企业最大竞争优势,这就是竞合理念。在竞合理念的指导下,企业可以实现优势互补,最终形成"双赢""多赢"的局面。

随着环境变化动态性的增加,人们开始认识到竞争与合作可以同时在企业之间并存且同时使企业获益(Maria Bengtsson[189])。企业之间合作竞争关系产生的基础是企业之间在价值创造过程中的相互关联性。

合作与竞争并不矛盾,在某些方面和范围内合作,又在其他方面展开竞争,这正是联盟成员企业面临的竞争形式。双方在局部的合作不仅可以一定程度上避免双方的竞争,而且对于非联盟方有更强的竞争优势。联盟的合作关系使得双方互补长短和互通有无,使得合作研发的产品更加具有竞争力,从而达到共赢的效果。

4.1.1 联盟竞合关系的多角度分析

竞合代表了交互中两种截然不同的逻辑。一方面是由利益冲突带来的敌对，另一方面，双方又需要依靠相互信任和承诺来达到共同目标。交易成本经济学、资源基础理论、博弈理论为分析企业战略联盟中的竞合理念提供了理论依据（Park和Russo[190]，1996；Lado et al.[191]，1997）。

4.1.1.1 交易成本理论视角的联盟竞合效应

企业之间联盟合作的基本原理可以用交易成本经济学来解释（Coase[129]，1937；Williamson[128]，1985）。联盟代表一种可以共享市场和内部组织的治理结构，旨在避免或减轻彼此经营中的风险（Park和Russo[130]，1996）。因为交易信息不对称的存在，企业间隐性知识的传输在理性市场关系下是困难甚至不可行的（Buckley和Casson[132]，1976；Madhok[133]，1997）。交易成本经济学可以很好地证明合作能够促成企业间隐性知识的传输。企业间通过联盟建立一种紧密的合作关系，可以在知识交换方面表现出更高的效率。

从这个角度考虑，战略联盟可以满足合作各方的战略目标，并且在公平的利益分配制度下，当合作利益大于机会主义收益时，联盟能够取得更大成功（Jarillo[134]，1988）。但是因为机会主义的存在，合作各方可能为了个人利益的最大化不可避免地会损害联盟体的整体利益。当联盟各方是直接竞争关系时，联盟各方都会试图最大化己方的学习过程。因此，当直接竞争对手在一个联盟网络中相遇时，联盟失败的概率将大大提高（Park和Russo[130]，1996）。

因此，从交易成本理论来看，竞合在带来交易成本节约的同时，也会给联盟带来一定的风险。因为在这样的联盟中，保护关键专有资产将变得更加困难，机会主义的诱惑将加速联盟的瓦解。

4.1.1.2 资源基础理论视角的联盟竞合效应

根据资源基础理论，竞争优势在于拥有比竞争对手更多独特的、富有价值的、无法模仿的、不可替代的资源和能力，从而能为顾客带来更优的价值。从本质上讲，两个假设可以支撑这一理论：①企业资源具有异质性；②这些资源在企业间是不能完全流动的。因此，资源能力的差异会带来企业竞争优势和获利能力的差异。

基于动态能力的观点为同时通过竞争和合作来聚集资源提供了基础。企业的竞争优势可能来自与竞合伙伴、供应商、顾客之间隐性的、难以模仿的合作关系。市场环境的复杂变化使得企业需要经常从竞合伙伴那里寻求互补性资源，特别是当这些资源对创新过程很重要却又很难获得时（如溢出知识、企业特有技能等），同时还可以通过资源创造带来新的企业特有能力的提升。

4.1.1.3 博弈论视角的联盟竞合效应

博弈理论分析不完美市场下的有限理性、信息不对称、隐匿行为、逆向选择、机会主义和不完全契约等，博弈中解决问题的最佳办法是找到一种双赢策略来减轻机会主义行为，因此可以被用来研究多方合作中的均衡状态和不稳定现象。博弈中有合作博弈和非合作博弈，合作博弈中强调的是整体利益，而非合作博弈侧重于单方利益的最大化。联盟中的竞争与合作、利益和冲突，正是合作与非合作博弈的典型表现。

企业通常通过联盟来学习其他企业的特有知识，联盟参与者的一个关键挑战是：如何在有效地保护自己不会失去关键资源和核心技术的同时，最充分地利用共享资源，这就导致了合作中的机会主义行为。合作者的机会主义行为有两种比较突出的表现：一是侵占对方的资产，二是对合作减少投入或使用无效投入，因为企业多投入往往使己方退出壁垒增高，从而使其在联盟中陷入被动地位。

竞合关系会使联盟演变成为一场学习竞赛的博弈。博弈行为鼓励合作双方一方面通过竞争性模仿来获取更多的竞争优势，另一方面关注联盟伙伴的战略动态，掌握信息上的先动优势。孙利辉、徐寅峰、李纯青[149]提出了合作竞争博弈方法，探讨如何使自利的参与者在竞争环境中共同选择较好的联合行动，形成具有稳定均衡解的联盟。

郑君君、刘恒、陈京华[150]依据博弈均衡理论，认为联盟双方的博弈要达到均衡解需要以下4种条件：①看合作是否能产生优于不合作的结果；②联盟双方可能合作的原因是一种激励机制，对合作不利的一方进行一定的补偿，从而促使双方合作；③导致合作出现的原因是双方可能再次相遇，对未来的期望和担心将影响决策者的选择，显然决策者完全能够预见到同样或类似的情境将再次出现在双方的未来博弈中，因而促使决策者选择合作，从这个意义来看，选择与对方合作是着眼于未来长远利益，既是合作博弈的要求，也是明智之举；④对实施非合作策略的背叛行为进行惩罚，即均衡是通过惩罚任何一个博弈者的不合作行为来实现的。在现实的联盟经济活动中，对非合作策略的背叛行为的惩罚则是通过不合作带来的负面效应的影响来实施的。

按照交易成本经济学，竞合是风险性的商业行为，机会主义动机可能导致合作协议的瓦解。如果合作一方吸收能力强的话，可以更快地获取对方的核心技术诀窍。然而，资源基础理论和博弈论指出与竞争对手的合作会对己方创新能力的提高产生积极作用。一方面，这项合作可能是企业创新过程中获取新知识和新技术的关键环节；另一方面，博弈论证明最佳的策略就是与竞争对手找到双赢机会来降低破坏性竞争，以此来获取互补性资源，并了解合作伙伴的战略动机。实证研究表明，相对于单纯的合作和竞争，竞合战略对提高企业自主创新能力具有更大的积极作用（Cristina[192]等，2004）。

4.1.2 联盟竞合效应的内涵及竞合强度的决定因素

4.1.2.1 联盟竞合效应的内涵

竞合是竞争对手为了共同目标的实现而采取的一种联合手段。它不仅包括合作联盟，如合资企业、外包协议、许可权协议、R&D联盟网络、合作生产、合作营销，还包括联盟起来共同制定行业标准等。了解竞合，需要厘清竞合的三种特征：①竞合意味着同样的企业主体之间竞争与合作同时存在，而不是指与一些企业合作而与另一些企业竞争；②竞合不等同于竞争对手之间的合作联盟，竞争对手之间的合作联盟只是竞合中比较突出的一种表现形式；③竞合不包括在某一时段竞争而在某一时段合作，而是竞争与合作同时存在，只不过可能在某些活动中是合作关系，在另一些情况下又是竞争关系（Bengtsson和Kock[193]，2000）。

竞合行为旨在在竞争和合作中追求正和效应和效率的提升。竞争是不可避免的，尤其是当整个市场是一个零和博弈时（如固定的市场规模、投资的限额、有限的市场准入），竞争型合作帮助联盟内的企业通过资源共享、相互学习来增强内部技术技能，同时保护自己的核心优势不被侵占（Hamel, Doz and Prahalad[68]，1989）。如我国汽车行业的合资，对于外资汽车来说，在进入中国之初希望通过与中方合资获得对于中国市场和政策环境的了解；而中国企业也希望通过合资学习外方的汽车研发、生产技术和经营管理经验。虽然通过合资，中、外汽车企业在中国市场取得了快速成长。但与此同时，广泛的合资使汽车行业形成了复杂的合资网络。合资企业的合作伙伴很多互相之间都是竞争对手，如何同这些合作伙伴建立良好关系成为中外汽车企业必须关注的问题。相互竞争的合资伙伴对于资源的争夺及对于信息泄露的防范，要求企业必须具备较高的管理合作伙伴关系的能力（张沈伟，曾成桦[194]，2007）。

4.1.2.2 联盟中竞合关系的决定因素

没有一个企业能够独自拥有解决复杂多变的市场环境所需要的全部知识、信息与资源，联盟却能有效整合资源实现快速创新。战略联盟的独特之处在于：在增强联盟企业总体核心竞争力的同时，并不削弱每个企业的原有核心竞争力，达到帕累托改进。它可以在保持双方核心竞争力相对独立的基础上，实现优势互补、资源共享，最后达到双赢的目的。它是企业竞合理念指导下的一种经营方式和组织形式，更多地体现了各联盟主体之间的相互合作一面。

企业间联盟效果和目标的实现在很大程度上取决于联盟中各种合作关系能否进行有效的整合。过分强调合作或者竞争都是危险的。过分合作，可能导致自身优势的丧失，还可能培养比自己更为强大的竞争对手，更重要的是导致对联盟其他成员的某种路径式的依赖，导致企业对自身核心能力培养的忽视，不利于企业的长远发展。而过分强调竞争，将会降低联盟的凝聚力，分散联盟的资源，导致联盟整体利益受损。因此，合作竞争这对矛盾力量中所产生的张力可能会导致联盟的颠覆，只有将竞合强度控制在合理的范围下才能取得联盟的最大成功。联盟中竞合强度的决定因素如图4-1所示。

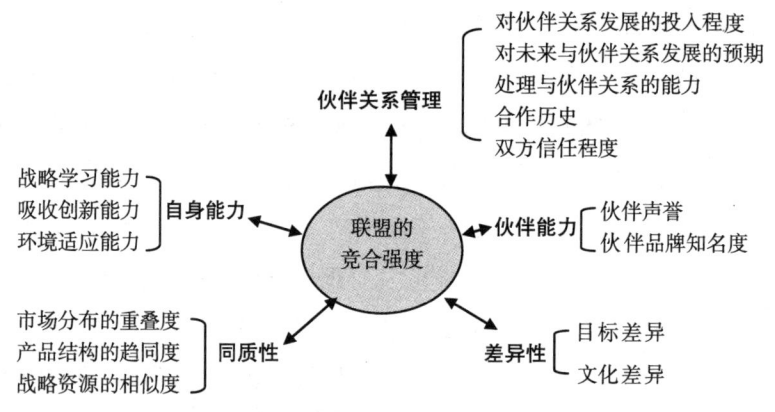

图 4-1 企业战略联盟竞合强度的决定因素

4.1.3 联盟中的竞合强度与类型

在竞争中合作是复杂的、动态的、多面的，因此需要对联盟中的不同竞合状态进行分类。联盟中竞争强度和合作强度的不同使得联盟呈现不同程度的表现和绩效——有一些联盟可以长盛不衰，另一些却早早夭折，这与联盟中的竞合关系密切相关。作者用一个竞合矩阵来表示不同竞合状态下的联盟形态（如图4-2所示）。

图 4-2 战略联盟成员企业间的竞合类型

4.1.3.1 任务型——低合作、低竞争

在此种关系下，联盟成员间没有明显的利益冲突，但也没有强烈的战略

合作欲望，如非核心业务外包中的联盟关系。双方之间只是一种义务性的合作关系，独立和被动地执行该完成的任务，联盟成员之间没有很强的或不可分割的关系纽带。这种合作关系随时可以解散，对双方都不会造成特大损失。

4.1.3.2 竞争主导型——低合作、高竞争

在联盟中，过多地把对方放在竞争对手的位置上，通过自己的优势强加给对方一些行为方式，希望对方按照自己的意图来定位，以自己的利益为首要利益，把共同利益放在了次要的位置，必然会加剧双方的不信任。

资源同质、技术同质和信任度不高是竞争主导型联盟的典型特征。竞争主导型是最松散的一种联盟形式，是一种不合作竞争和掠夺式竞合。联盟各方都侧重于争夺智力资源、窥探对方的战略方向、核心能力或表现出恶性的学习竞赛，以此来应付高竞争、低合作的紧张关系（Hitt，Ireland 和 Hoskisson[195]，2007）。如国内的电脑大战、家电大战、汽车大战、手机大战，这些价格战都是机会主义单兵作战而导致联盟失败的最好例子。不合作竞争会导致低效率的均衡，这种竞争其实就是一种低效率竞争，对整个行业和整个社会经济的良性发展具有很大的破坏力。

4.1.3.3 伙伴合作型——高合作、低竞争

伙伴合作型联盟的典型特征是，伙伴间通过培植和维持相互依赖、互惠互利的长期关系来追求联合利益的最大化，而不是只考虑单方优势而不顾伙伴利益。伙伴型的合作关系是联盟成员之间获取新知识的重要渠道。高资源互补性、低市场重合度是这类联盟的必要条件。如美国的麦道飞机公司与日本的川崎重工，在F-4、F-15喷气机和直升机等多领域的合作已持续多年。麦道致力于全球低成本的航线网络和喷气机的制造，而川崎重工专注于提升它在重型机械方面的技术能力。双方保持长期良性合作关系的秘诀在于二者的市场目标和市场定位不一样，这样就避免了针锋相对的直接竞争。

4.1.3.4 高效适应型——高合作、高竞争

企业在联盟中既竞争、又合作，但在某些关键领域，企业间有着共同的

目标和利益。联盟伙伴相互依赖来实现共同目标和个体目标，可能在某一个细分市场中是合作关系，在另一个市场中则是竞争关系；在某个价值链上是合作关系，在另外的价值链上却是竞争关系。如日立和惠普，在DVD刻录机和存储网络技术方面是竞争关系，同时它们在合作技术开发、产品供应、固定资产投资等方面保持着多年成功的合作关系。这种紧密型的竞合关系使得双方竞争能力得到增强，在发挥异质资源的杠杆作用和促进新技术获取等方面具有重要作用。

高效适应型是战略联盟的最高境界，代表了一种相互信任、公平高效的联盟关系。在这种联盟中，界面管理显得尤为重要。界定清楚在哪些领域合作、哪些领域竞争是制定科学的竞合管理结构的关键步骤。过度依靠这种合作关系会增加企业面对对方机会主义和冲突时的弱势地位；过度竞争则会阻碍资源的最优化配置。合理的风险分散决策、最优的资产使用效率、共同的机会挖掘、良性的学习竞赛是这类联盟保持高成功率的重要原因。

4.1.4 联盟竞合效应对企业技术学习的影响

不同企业拥有不同的能力和知识库，联盟提供了一个独特的学习机会。联盟内的企业应该把通过联盟向对方学习作为一项战略任务，主动地获取知识，最大限度地尽快将联盟的成果转化为企业的竞争优势。联盟往往需要双方进行双向信息流动，每个参加联盟的企业都应该贡献出必要的信息供对方分享，从而提高联盟的成功率。同时企业要合理控制信息流动，保护自身的竞争优势，防止对方获取己方特有的关键性资产。

影响战略联盟组织间知识学习效果的因素包括主观、客观因素两大类：其中客观因素包括知识的特性（显性、隐性知识等），学习意愿，学习能力，沟通与信任、文化和组织差异；主观因素则源于合作方的知识转移意愿和机会主义行为。不同强度的竞争和合作关系决定了不同的学习模式（图4-3）。高竞争、低合作会使知识的拥有方降低知识转移意愿，构成知识交易的障碍，从而阻碍知识的自由流通和共享，影响了联盟效率的提高。高合作低竞争固然有利于提高学习和创新效率，但若不把握合作的度，若过度依赖合作伙伴，则可能造成己方创新活力不够，一旦离开合作伙伴便丧失竞争能力。只有高合作、高竞争的联盟关系才能最有效地激活联盟各方的学习动力和创新能力，取得最佳均衡。

	合作强度弱	合作强度强
竞争强度强	竞争主导型 掠夺式学习	高效集成型 交互式学习
竞争强度弱	任务型 被动完成任务型	伙伴合作型 贡献式学习

图4-3　竞合型战略联盟中的知识学习

当企业身处庞大的联盟网络中时，复杂的竞合关系要求企业必须具有与狼共舞的素质和能力。真正有生命力的企业联盟是高度竞合的联盟，合作式竞争可以有效降低创新成本、减少创新风险，同时提高创新效率。我国企业战略联盟的演进主要是在联盟的功能上由低层次向高层次转变，从价格协议、行业标准、品牌营销等外围的功能，向实实在在的资源互补、研究开发、供求合作、市场进入、风险共担等演进。最近出现的专利联盟、标准联盟、知识产权联盟体现了联盟实践在中国成熟度的提高。在此基础上，如何推动联盟从传统的功能型组织向新的竞合学习型组织转变是联盟管理领域下一个研究重点。

4.2　技术共享与技术保护的博弈

通过彼此的知识共享来提升核心技术能力与技术创新能力，是企业甚至是竞争对手之间结成研发联盟的重要原因。研发联盟中的核心技术知识是维护组织竞争优势和联盟稳定的重要保证。有效的知识共享是联盟成功的一个重要因素。

然而，在知识共享过程中，企业可能会将自己的核心技术与知识暴露给联盟伙伴，由此可能导致核心技术被窃取、模仿，最终导致竞争优势的削弱以至丧失，从而影响了自己在联盟中的谈判地位。由于技术知识的无形性、外溢性、无地域性和联盟成员间的竞合关系等，极易在研发联盟技术学习中产生知识产权冲突，这种冲突直接影响着成员之间的知识共享、交流和创新，从而决定着研发联盟运行的效率和效果。因此，联盟成员企业必须在借助联盟中的知识共享以提升核心能力与有效保护己方核心知识资产之间保持均衡。

4.2.1 基本假设

在运作中，如果每个联盟成员能够把自有的知识产权共享，合作联盟便能获得最高的收益，合作联盟也就能获得成功。但如果每个企业都共享了自有知识产权，在合作解体后，自己原有的优势将可能不复存在，在未来的竞争中就有可能处于不利的地位；反之，如果不共享自有知识产权，而共享了其他联盟成员的自有知识产权，尽管合作不能因此获得最大利益，但对于不共享自有知识产权的联盟成员来说，它所获得的利益将大于其他联盟成员，从而在未来的竞争中处于更加有利的地位。因而，很容易产生由知识产权专有性与知识共享带来的冲突。下面运用博弈论对这种冲突进行讨论，试图为解决联盟成员企业间技术共享和技术保护的冲突提供一些建议。现做以下假设：

（1）本研究只考虑两个联盟成员的情况（多个联盟成员的情况可据此类推），假定在这个博弈中，双方具有完全的行为理性，且具有完全的信息，即各自不仅完全知道自己每个行为的收益，而且也完全知道当对方选择某个策略时的收益及应对策略。双方的目标都是获得己方利益的最大化。

（2）对某一项特定技术，双方有相同的策略空间（技术共享，技术保护）。

（3）企业研发联盟是一种既合作又竞争的关系，因而联盟成员的收益与双方专有知识的共享程度紧密相关：①如果都共享专有知识产权，则联盟体的总收益最大；②如果联盟成员一方共享其专有技术知识，而另一方采取技术保护，则联盟的总收益将减少，共享专有技术知识的联盟成员利益最少，但采取技术保护的联盟成员能够获得最大利益；③如果联盟成员双方均采取技术保护，则联盟体的总收益最小，联盟稳定性最差，联盟面临失败。

根据以上假设，可以得到如表4-1所示的博弈矩阵。由假设可知，$P_2 < P_4 < P_1 < P_3$。

表4-1 企业研发联盟技术合作意愿的博弈矩阵

企业甲 \ 企业乙	技术共享	技术保护
技术共享	(P_1, P_1)	(P_2, P_3)
技术保护	(P_3, P_2)	(P_4, P_4)

4.2.2 模型讨论

4.2.2.1 一次博弈

这是一个典型的"囚徒困境"（Prisoners' Dilemma）的博弈模型。一次博弈的结果只有唯一一个纳什均衡解，即（技术保护，技术保护），收益组合为(P_4, P_4)，而不可能出现（技术共享，技术共享）策略，不可能实现联盟整体利益的最大化。因而，在个体行为理性的指导下，博弈均衡的结果经常是博弈各方效用并非最优的策略组合，反而往往可以实现不算太差的策略组合，从而使资源处于低效率的配置状态，这是博弈各方相互制衡下的一种次优选择，也是一种出于无奈的、退而求其次的选择。

4.2.2.2 有限次重复博弈

先讨论两次博弈的情况。首先考虑第二次博弈的情况，由于这是最后一次博弈，自然没有后面的博弈对这次博弈的影响，因此也就不必为将来打算，各企业都只追求这次博弈的最大利益，于是第二次博弈的结果应该和一次囚徒困境博弈完全一样，自然是企业甲和企业乙都选择技术保护，达到纳什均衡。现在再来考虑第一次博弈的情况，企业甲已经很清楚最后一次博弈企业乙一定会选择技术保护，那么即使企业甲选择技术共享，在下一次博弈时，企业乙也一定会采取技术保护，这次博弈甲技术公开对下一次博弈没有任何好的影响，那么作为理性人的企业甲一定仍然选择技术保护。反过来，对于企业乙，也是一样的道理。由此可见，第一次博弈自然也和一次性囚徒困境博弈完全一样。

其实不论是两次博弈，还是3次、4次，甚至是上百次，只要是有限次数的重复囚徒困境博弈，运用倒推法其思路方法都是一样的。

由上面的分析可见，对有唯一的纳什均衡的博弈而言，有限次重复博弈的结果是一次性博弈均衡结果的简单反复，因而有限重复博弈结果会是（技术保护，技术保护）策略的反复出现。

4.2.2.3 无限次重复博弈

如果将这个博弈扩展为无限次重复博弈，结果会发生变化。另外，由于无限次重复将涉及对未来收益的时间价值判断问题，即存在时间贴现因素，为简单起见，设甲、乙方的时间贴现因子相同且都为 r（$0 < r < 1$）。

在这个无限次重复博弈中，假设双方试图先选（技术共享，技术共享）策略组合，但如果有一方（如甲方）在某一阶段选择了技术保护策略，那么将引起乙方的"针锋相对策略"，即从下阶段开始的以后所有阶段中，乙方肯定也选择技术保护策略，从而甲方也只能以技术保护策略应对乙方的技术保护策略。因此，一旦有一方某次选择技术保护策略，那么以后将永远只能选择技术保护策略，即双方此后均衡的策略组合为（技术保护，技术保护）。这里有两种情况。

（1）始终选择（技术共享，技术共享）策略组合，则一方的总收益 π_1 为：

$$\pi_1 = P_1 + rP_1 + r^2P_1 + r^3P_1 + \ldots = \frac{P_1}{1-r}$$

（2）某一阶段有一方选择技术保密策略，从而引发"针锋相对策略"，另一方此后也选择技术保密策略，则最先开始技术保密一方的总收益 π_2 为：

$$\pi_2 = P_3 + rP_4 + r^2P_4 + r^3P_4 + \ldots = P_3 + rP_4(1 + r + r^2 + r^3 + \ldots) = P_3 + rP_4\frac{1}{1-r}$$

当 $\pi_1 \geqslant \pi_2$ 时，即当 $r \geqslant (P_3 - P_1)/(P_3 - P_4)$ 时，双方将始终采取（技术共享，技术共享）策略。（技术共享，技术共享）策略成为这个无限次重复博弈的子博弈完美纳什均衡。

可以看出，P_1、P_3、P_4 的数值大小将影响 r 的取值大小。

（1）如果 r 很小，即 $r < (P_3 - P_1)/(P_3 - P_4)$ 时，博弈一方不看好长期利益或只关注短期目标，此时 $\pi_1 < \pi_2$，个人利益与联盟利益的不统一将导致联盟面临危机。

（2）只要 r 足够大，即 $r > (P_3 - P_1)/(P_3 - P_4)$ 时，说明双方看重未来利益，看重技术共享对双方未来的长远战略性意义，此时双方将采取技术共享与信任态度，促进双方的技术学习。

4.2.3 不同情况下的策略选择

上节的分析说明：联盟双方之间的信任程度和长远战略的协同程度会极大影响技术保护的程度。在一般情况下，企业采取的技术保护措施是一个互动的过程，信任程度越高，对联盟的前景越乐观，共享双方的沟通状况就会越好，进而所采取的保护也会越少。联盟伙伴间不同信任程度和战略协同度对博弈类型和技术保护策略选择的影响如图4-4所示。

长远战略的协同程度	双方信任程度低	双方信任程度高
高	有限次重复博弈；知识保护意愿较强	接近无限次重复博弈；知识共享程度最大
低	一次博弈；知识保护意愿最强	有限次重复博弈；知识保护意愿较强

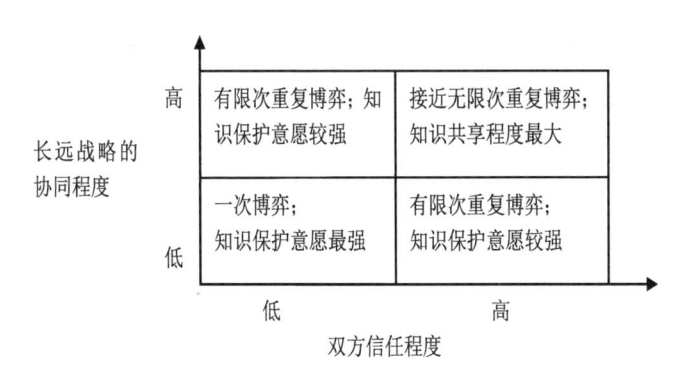

图4-4　不同前提下联盟的博弈类型和技术保护策略

（1）联盟伙伴长远战略协同度高，双方信任程度高。这是一种最理想的联盟状态，接近无限次重复博弈，联盟成员企业知识共享意愿最高，联盟整体利益和企业个体利益能同时达到最大化。

（2）双方信任程度高，联盟伙伴长远战略协同度低；或联盟伙伴长远战略协同度高，但双方信任程度低。长远战略协同度低或信任程度过低，都会导致联盟的不稳定，使得联盟只可能是有限次重复博弈，各方对核心技术都会有相当程度的保密。

（3）双方信任程度低，联盟伙伴长远战略协同度低。这种联盟失败的可能性最高，一旦联盟失败，可能出现受让方恶意窃取、挪用或套取技术资产等败德行为。因此博弈方都会将这一合作行为看作一次博弈，从而陷入（知识保护，知识保护）的囚徒困境和联盟效率的进一步降低。

除此之外，选择合适的合作伙伴、注重前期合作、建立"信誉机制"、建立规范的联盟管理制度等，都可以在一定程度上释放联盟成员企业知识保护的戒备心理，提高博弈各方知识共享意愿，从而促进联盟的良性发展。

4.3 技术合作与学习的正和效应分析

一般来说，联盟内企业在技术能力方面存在一定的差异性，在某一项特定的技术方面必然存在技术领先者和技术落后者。研发联盟的目的主要在于技术优势互补，向技术领先企业学习某一方面的先进技术是技术落后企业加入联盟的重要目的之一，联盟为企业间的技术学习搭建了很好的平台。除了合作创新、共同创新之外，参与联盟的各企业之间也是独立的个体，有独立的创新和学习行为，在一定程度上仍旧保持着原有企业的经营独立性。如4.1节所述，联盟伙伴间还存在一定的竞争关系。本节试图通过构建一个两阶段博弈模型来阐释企业研发联盟技术学习过程中技术学习对象（技术领先企业）和技术学习主体（技术落后企业）之间的互动关系，并对这一学习行为带来的联盟整体效应展开探讨。

在有效的竞争机制下，技术领先企业的创新行为会对追随企业产生溢出效应和示范效应。追随企业可以通过多种途径来学习领先企业的技术并提升自身的技术水平，联盟为这一学习行为提供了最为快捷有效的渠道。创新会带来正的溢出效应和外部性，为联盟内其他企业（包括竞争对手）树立了学习的样本。本节旨在探讨技术学习对联盟整体效益的作用效果。

4.3.1 问题假设及模型描述

联盟内企业技术创新和技术学习行为可以用博弈模型加以分析和描述。假设有两个处于联盟关系的企业（多个企业的情形可以依此两两类推），企业A和企业B，将两个企业研发的策略选择看作一个博弈过程。根据Scotchmer[196]（1991）和Merges和Nelson[197]（1994）的研究，假设只有技术领先者更容易发起创新行动，而其他的企业可以选择从创新者的创新中学习新的技术。假设企业A本身具有更强的技术优势和竞争优势，则企业A更可能成为创新者和技术学习的对象。在本模型中，假设A为技术创新主体，B为技术学习（即技术学习）主体。A的策略空间为创新和不创新，B的策略空间为学习和不学习（即学习与不学习）。

用 π_a^0、π_b^0 分别表示企业A、企业B的初始利润（A不创新，B无学习），由于A为技术领先企业，所以可以设 $\pi_a^0 > \pi_b^0$。设r为贴现率（r>0），则A、B企业的未来总收益分别为 $\pi_a = \pi_a^0 \int_0^{+\infty} e^{-rt} dt = \pi_a^0/r$，$\pi_b = \pi_b^0 \int_0^{+\infty} e^{-rt} dt = \pi_b^0/r$。

假设企业A在t_1时刻率先开发了一项新技术，创新投入为I，用 π_a^1 代表企业A进行技术创新后的利润。因为创新能带来成本的降低，所以能够给企业A带来更多的利润，则 $\pi_a^1 > \pi_a^0$。由于当$t<t_1$时，企业A的利润为 π_a^0；当$t>t_1$时，企业A的利润为 π_a^1，则创新成功后，A的未来总收益为

$$\pi_a(t_1) = \pi_a^0 \int_0^{t_1} e^{-rt} dt + \pi_a^1 \int_{t_1}^{+\infty} e^{-rt} dt - I = \frac{1-e^{-rt_1}}{r}\pi_a^0 + \frac{e^{-rt_1}}{r}\pi_a^1 - I \quad (4-1)$$

企业A的创新行为带来技术的更新，带来A企业自身成本的降低，同时会间接威胁到企业B的利润。设在（A创新，B不学习）情况下，B的利润降为 π_b^1（$\pi_b^1 < \pi_b^0$），则B的未来总收益为

$$\pi_b(t_1) = \frac{1-e^{-rt_1}}{r}\pi_b^0 + \frac{e^{-rt_1}}{r}\pi_b^1 \tag{4-2}$$

一个企业创新会带来同行业竞争型企业利润的降低，因此在有利可图的情况下，企业B会学习企业A的技术，创新很快会被复制（Soo Jeoung Sohn[198]，2007）。Lyon和Huang[199]（1997）指出，学习的动机来自学习所能带来的边际成本的降低。Ferrando[200]（2003）研究证明，学习的成本要低于原始创新的成本。创新为企业A带来了更多的收益，但是无形中给企业B带来了隐性的威胁，因此在学习成本小于创新成本的前提下，企业B会产生强烈的学习动机。设企业B在t_2（$t_1 > t_2$）时刻进行学习决策，学习成本为M，设$M = \delta I$，$0 < \delta < 1$（学习成本＜创新成本）。设在t_2时刻采取学习策略后，企业B的利润变为π_b^2。学习可以带来技术进步，因此$\pi_b^2 > \pi_b^0 > \pi_b^1$。

竞争和学习使得跟随企业和创新企业争夺市场份额，从而降低创新者的利润和创新意愿（Barro和Sala[201]，1995）。在学习为企业B带来新的利益的同时，由于竞争关系的存在，A的利益会受到一定损害。假设企业B的学习行为会使企业A的利润从π_a^1降到π_a^2（$\pi_a^1 > \pi_a^2 > \pi_a^0$）。

$$\pi_a(t_2) = \frac{1-e^{-rt_1}}{r}\pi_a^0 + \frac{e^{-rt_1}-e^{-rt_2}}{r}\pi_a^1 + \frac{e^{-rt_2}}{r}\pi_a^2 - I \tag{4-3}$$

$$\pi_b(t_2) = \frac{1-e^{-rt_1}}{r}\pi_b^0 + \frac{e^{-rt_1}-e^{-rt_2}}{r}\pi_b^1 + \frac{e^{-rt_2}}{r}\pi_b^2 - M \tag{4-4}$$

A、B双方的策略选择构成了一个两阶段博弈，其得益情况如表4-2所示。

表4-2 企业技术学习的博弈矩阵

技术领先企业A（被学习） \ 技术落后企业B（学习）	不学习	技术学习
不创新	π_a^0/r，π_b^0/r	—，—
创新	$\pi_a(t_1)$，$\pi_b(t_1)$	$\pi_a(t_2)$，$\pi_b(t_2)$

4.3.2 模型分析-创新动力和学习动力产生的条件

对创新者（即企业A）来说，创新能带来更多的期望收益，因此创新者希望保护其创新成果不被学习。但对跟随者（即企业B）来说，A的创新使它处于更不利的竞争地位，因此在学习有利可图的前提下一定会进行技术学习。

4.3.2.1 创新动力分析

首先不考虑学习的情形。当 $\pi_a(t_1) > \pi_a^0/r$ 时，企业A才会有创新的动力。将式（4-1）代入，得到 $\frac{e^{-rt_1}}{r}(\pi_a^1 - \pi_a^0) > I$，不妨令 $I_1 = \frac{e^{-rt_1}}{r}(\pi_a^1 - \pi_a^0)$。

考虑到创新成果被企业B学习。若企业B在t_2时刻采取学习策略，企业A的未来总利润会降为 $\pi_a(t_2)$。若A是理性的，考虑到企业B的反应，只有当 $\pi_a(t_2) > \pi_a^0/r$ 时，企业A才会在t_1时刻进行创新。将式（4-3）代入 $\pi_a(t_2) > \pi_a^0/r$，得到 $\frac{e^{-rt_1}}{r}(\pi_a^1 - \pi_a^0) + \frac{e^{-rt_2}}{r}(\pi_a^2 - \pi_a^1) > I$，不妨令 $I_2 = \frac{e^{-rt_1}}{r}(\pi_a^1 - \pi_a^0) + \frac{e^{-t_2}}{r}(\pi_a^2 - \pi_a^1)$。这意味着，即使A预测到B会对创新进行学习，A还是愿意在t_1时刻进行$I < I_2$的创新投入，这样仍然是有利可图的。

在4.2.1小节中提到，$\pi_a^1 > \pi_a^2 > \pi_a^0$，因此 $\pi_a^1 - \pi_a^0 > 0$，$\pi_a^2 - \pi_a^1 > 0$，比较可知 $I_1 > I_2$。

4.3.2.2 学习动力分析

对企业B来说，若A的创新已经发生，只有当学习能带来更多的利益，即 $\pi_b(t_2) > \pi_b(t_1)$ 时，B才会产生学习动力。将式(4-4)和式(4-2)代入，得到 $\frac{e^{-rt_2}}{r}(\pi_b^2 - \pi_b^1) > M$，令 $M_{\max} = \frac{e^{-rt_2}}{r}(\pi_b^2 - \pi_b^1)$，这是B愿意支付的学习成本的上限，当 $M < M_{\max}$ 时，B的学习才是明智的、理性的。$(\pi_b^2 - \pi_b^1)$ 越大，B的学习意愿越强。由于 $(\pi_b^2 - \pi_b^1)$ 取决于学习能够带来的B的技术进步的程度和B生产成本降低的程度，这与B自身技术学习能力的高低有关。企业A创新产生的

溢出效应（与联盟伙伴共享的意愿）越大，B可获得的关于新技术的免费知识就越多，学习成本也就会越低。

结论：企业B学习的动力与企业A技术共享意愿的高低正相关，与企业B自身技术学习能力的高低成正相关。

4.3.3 技术学习的联盟整体正和效应分析

现在来讨论学习行为的综合效应，即比较学习带来的积极外部效应和消极外部效应。不妨考虑一个特例——双寡头垄断市场。市场的反需求函数为 $p=a-x_a-x_b$，其中，$a>0$，表示市场容量；x_a、x_b 分别表示A、B两企业的产量。用 c_a^0、c_b^0 分别表示两企业最初的边际成本，由于A企业具有技术优势，因此可断定A企业有成本优势，即 $c_a^0<c_b^0$。

两企业的收益函数分别为 $\pi_a^0=(p-c_a^0)x_a$，$\pi_b^0=(p-c_b^0)x_b$，可得到A、B两企业利润的均衡解，分别为 $\pi_a^0=(a-2c_a^0+c_b^0)^2/9$，$\pi_b^0=(a+c_a^0-2c_b^0)^2/9$ [202]。如果永远没有创新，则A、B未来的总收益分别为 $\pi_a^0=(a-2c_a^0+c_b^0)^2/9r$，$\pi_b^0=(a+c_a^0-2c_b^0)^2/9r$。但联盟的目的就是创新和学习。

假设A在 t_1 时刻进行技术创新后，边际成本由 c_a^0 降为 c_a^1，$c_a^1<c_a^0$；

假设B在 t_2 时刻采取技术学习后，边际成本由 c_b^0 降为 c_b^2，$c_b^2<c_b^0$。

由于新技术不可能完全被学习，B企业只能通过学习接近A的技术水平，但不能达到相同或超越，因此，$c_a^1<c_b^2$。

A进行技术创新后，B采取技术学习前，即（A创新，B不学习）时，B的未来总得益为

$$\pi_b(t_1)=\frac{(a+c_a^0-2c_b^0)^2}{9}\frac{1-e^{-rt_1}}{r}+\frac{(a+c_a^1-2c_b^0)^2}{9}\frac{e^{-rt_1}}{r}$$

B采取技术学习后，即（A创新，B学习）时，B的未来总得益为

$$\pi_b(t_2)=\frac{(a+c_a^0-2c_b^0)^2}{9}\frac{1-e^{-rt_1}}{r}+\frac{(a+c_a^1-2c_b^0)^2}{9}\frac{e^{-rt_1}-e^{-rt_2}}{r}+\frac{(a+c_a^1-2c_b^2)^2}{9}\frac{e^{-rt_2}}{r}-M$$

4.3.3.1 技术学习的积极外部效应分析

用 $u(x)$ 表示社会效用，$x=x_a+x_b$，为总产量。当反需求函数为

$p=a-x_a-x_b$ 时，效用函数 $u(x)=a(x_a+x_b)-(x_a+x_b)^2/2$。

用 CS 表示消费者剩余，PS 表示生产者剩余，则 $CS=u(x)-px$，$PS=px-cx$，得到社会福利 $W=CS+PS=u(x)-cx$。用 W_0、W_1、W_2 分别表示（A不创新，B不学习），（A创新，B不学习），（A创新，B学习）情况下的社会福利，则 $W_0=u_0(x)-c_甲^0 x_甲-c_乙^0 x_乙$，$W_1=u_1(x)-c_a^1 x_a-c_b^0 x_b$，$W_2=u_2(x)-c_a^1 x_a-c_b^2 x_b$。计算可以得到

$$W_0=\frac{2[a^2+(c_a^0+c_b^0)^2-a(c_a^0+c_b^0)-3c_a^0 c_b^0]}{3}-\frac{(2a-c_a^0-c_b^0)^2}{18}$$

$$W_1=\frac{2[a^2+(c_a^1+c_b^0)^2-a(c_a^0+c_b^0)-3c_a^1 c_b^0]}{3}-\frac{(2a-c_a^1-c_b^0)^2}{18}$$

$$W_2=\frac{2[a^2+(c_a^1+c_b^2)^2-a(c_a^1+c_b^2)-3c_a^1 c_b^2]}{3}-\frac{(2a-c_a^1-c_b^2)^2}{18}$$

由上面的计算结果可知，社会福利取决于每个时期的边际成本，由于 $c_a^0>c_a^1$，$c_b^0>c_b^2$，$c_b^2>c_a^1$，所以 $c_a^1<c_a^0<c_b^2<c_b^0$，比较后可以得到 $W_2>W_1>W_0$（如图4-5所示）。

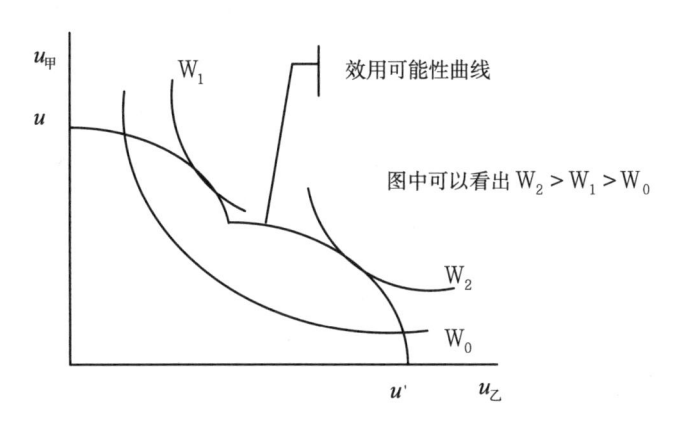

图4-5 社会福利曲线及比较

学习的积极社会效应（Optimistic Effect）表现为 $OE=\frac{e^{-n_2}}{r}(W_2-W_1)$（可知 OE＞0），计算得

$$\mathrm{OE} = \frac{e^{-rt_2}}{r}[\frac{c_z^2 - c_z^0}{18}(-8a - 14c_a^1 + 11c_b^0 + 11c_b^2)^2] \quad (4-5)$$

4.3.3.2 技术学习的消极外部效应分析

学习的消极社会效应（Pessimistic Effect）为 $\mathrm{PE} = \frac{e^{-rt_2}}{r}[\pi_a(t_2) - \pi_a(t_1) + \pi_b(t_2) - \pi_b(t_1)]$（可知 PE＜0），计算得

$$\mathrm{PE} = \frac{e^{-rt_2}}{r} \frac{1}{9}[(a - 2c_a^1 + c_b^2)^2 + (a + c_a^1 - 2c_b^2)^2 - (a - 2c_a^1 + c_b^0)^2 - (a + c_a^1 - 2c_b^0)^2] \quad (4-6)$$

4.3.3.3 技术学习的联盟整体效应分析

比较式(4-5)和式(4-6)，得 $\mathrm{OE} + \mathrm{PE} = \frac{e^{-rt_2}}{r}(c_b^2 - c_b^0)\left(\frac{-4a + 2c_a^1 + c_b^0 + c_b^2}{18}\right) > 0$，说明学习的积极外部效应大于其消极外部效应，（创新，学习）不仅为两阶段博弈模型的纳什均衡解，而且是社会联盟整体效用的帕累托最优解。

由以上分析可以看出，技术学习对联盟内企业间技术的借鉴、模仿和移植具有明显的积极效应。在由存在技术差异的企业结成的联盟中，只要分配机制合理（由技术学习者给予被学习企业一定的补偿），它既不会阻碍技术领先型企业的技术创新，又能成为追随企业技术改进与变迁的强大动力，并带来联盟整体的正和效应。技术学习对促进联盟整体利益的提高和技术进步起到了积极的作用。如果双方都能够积极创新并把握学习机会，正和效应可以得到进一步放大，从而带来联盟各成员企业技术能力的提高。多边联盟的技术学习可由本研究中的双边联盟类推。

4.4 本章小结

从交易成本、资源基础、博弈理论的视角阐述企业研发联盟技术学习中的竞合效应，分析联盟伙伴竞合关系的类型和决定因素。以双边研发联盟为例，建立技术共享与技术保护的博弈模型来分析不同信任程度下的策略选择。并得出如下结论：①一次博弈的结果是（技术保护，技术保护）的"囚徒困境"；②有限次重复博弈结果会是（技术保护，技术保护）策略的反复

出现；③在无限次重复博弈的情况下，若博弈一方不看好长期利益或只关注短期目标时，个人利益与联盟利益的不统一将导致联盟面临危机；若双方都看重未来利益、看重技术共享给双方未来长远战略行意义时，技术共享意愿最强，技术学习效果最好。同样，以双边研发联盟为例，构建两阶段博弈模型推导得出技术合作与学习能带来社会整体的正和效应。

第5章　企业研发联盟技术学习的模式

5.1 "3P"基础与"双E"学习

5.1.1 "3P"基础

企业研发联盟技术学习的模式可以归纳为基于研发平台（Platform-based）、基于研发项目（Project-based）和基于人才培养（People-based）三种，本书将其简称为企业研发联盟技术学习的"3P"基础。基于研发平台的技术学习一般多见于战略性的长期合作，具有一定的稳固性、综合性、系统性和技术前瞻性；基于研发项目的技术学习随着项目的结束而结束，具有临时性、一次性等特点，侧重于某个具体问题的解决，适合短期性的联盟技术学习；基于人才培养的技术学习其合作紧密度最低（见图5-1）。

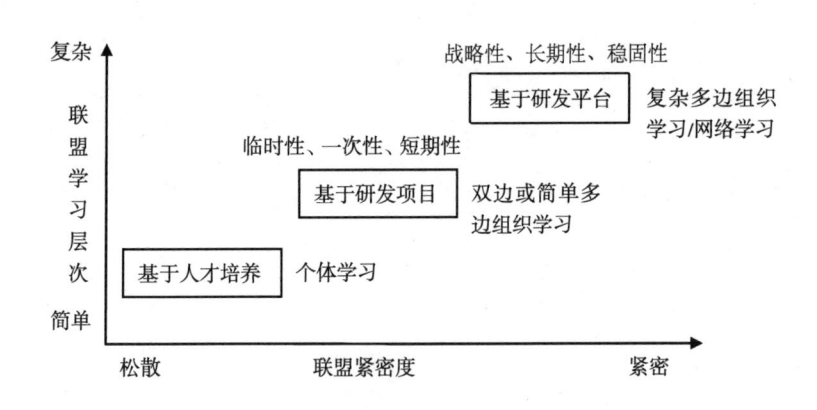

图5-1　企业研发联盟技术学习的三种主要模式

基于研发平台的技术学习模式是共建科研联合体，主要类型有企业之间或企业与大学科研机构共建研发合资企业、公共实验室、技术开发中心、合作研究中心和博士后工作站等。基于研发项目的技术学习模式主要有技术成果转让、委托开发、联合开发、技术服务、许可证协议、交换许可证合同、虚拟研发等。基于人才培养的技术学习模式主要包括技术人员交流计划、学术研讨会、人员派遣与进修、订单式人才培养、委托代培等。各种模式对应的实例如表5-1所示。

表5-1 企业研发联盟技术学习的模式及实例

企业研发联盟技术学习模式		实例
基于研发平台	研发合资企业	"龙芯联盟"
	合资企业研发	汽车行业"以市场换技术"的大量例子
	共建实验室	宝钢-罗克韦尔实验室
	共建技术开发中心	贵州宏福实业-贵州大学成立联合研发中心
	博士后科研工作站	上汽通用五菱与武汉理工大学、湖南大学、上海交通大学共建博士后科研工作站
基于研发项目	联合开发	美国Motorola与广州金鹏公司签订成立移动通信系统合作企业的框架协议
	技术咨询	2008年浙江运达风力发电工程有限公司与英国Garrad Hassan公司签订2.5MW风电机组研发项目技术咨询协议
	许可证协议	2006年晨讯科技、美国高通签署WCDMA Modem Card技术许可协议
	共同制定技术标准	3G标准
基于人才培养	技术型HR联盟	2004年IT行业HR联盟
	技术人员交流计划	宝钢与上海交通大学
	人员派遣、进修	宝钢与上海交通大学
	订单式人才培养协议、委托代培	上海电气与上海6所高校"产学研联合培养研究生"合作协议，共建"上海研究生联合培养基地"

选择何种模式对组织间学习效果有重要影响。对基于研发平台的合作，联盟各方之间有很强的所有权及资金纽带，是利益的共同体，联盟成员一般不会担心因知识溢出而得不到预先约定收益的风险，因而会增加知识的开放度，减少对知识的保护。而基于研发项目的合作，是一种较松散的合作关系，存在一定的不稳定性，联盟成员对知识共享能否得到预定收益会有顾虑，往往会产生一种防卫心理，并采用各种措施来保护关键性知识的共享和转移。因此基于研发平台的合作比基于研发项目的合作能减少联盟成员对知识的保护程度，更有效地实现知识共享，促进组织间技术学习。

5.1.2 "双E"学习

"双E"学习是指拓新学习（explorative learning）和挖潜学习（exploitative learning）。拓新学习是对新颖性知识的学习，拓宽技术视野以追求新的技术或商业机会；挖潜学习是对已有技术的深化、强化和突破，注重学习的深度。两种学习模式的比较见表5-2。

表5-2 拓新学习和挖潜学习比较

学习方式	特点	学习范围	周期	学习成果
拓新学习	不确定性高，技术路径不确定	对新鲜知识或非核心技术信息的获取；广度学习；扩充知识库；开发、探索、求新、猎新；新颖性价值；关注学习幅度	周期长	原始创新；突破性创新
挖潜学习	技术路径相对固定	对已有知识或核心技术的补充学习；深度学习；关注学习深度	周期短	渐进式创新；二次创新

"双E"学习与"3P"基础相互渗透，形成一种钻锥模型。基于研发平台

的技术学习最开始更多的是一种拓新式学习，等各方的技术资源融合到一定程度，再针对具体的问题展开挖潜学习和特定技术突破。基于研发项目的技术学习更多的是一种挖潜式学习，但集成各方技术资源和其间交流的过程也是一种拓新学习。基于人才培养的技术学习是一种代理型技术学习，是研发人员个体的知识拓新和挖潜。随着联盟规模、学习范围的扩大和学习层次的深入，横向的拓新学习不断扩展，纵向的挖潜学习不断深入，演化成一个强大的"钻锥螺旋"，如图5-2所示。图中实线表示当前状态，虚线表示未来发展趋势。

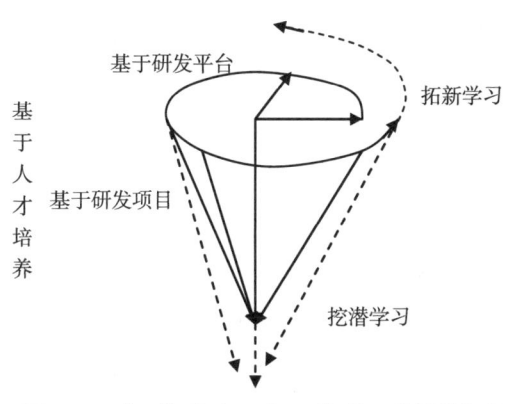

图5-2 "3P"基础下"双E"学习的钻锥螺旋

5.2 基于研发平台的企业研发联盟技术学习模式

5.2.1 基于研发平台的企业研发联盟技术学习基本概念

研发平台是以应用技术的产业化为目标，通过产学研结合，集中力量研发产业发展急需的关键、共性和前瞻性技术，着力于科技成果商品化、产业化和市场化的应用性研究开发和通过技术集成开展新产品开发等（见图5-3）。研发平台一般是行业内先进技术的开拓者和引领者，其功能、目标定位于依靠自主创新和技术学习开展前瞻性技术研发。研发平台的优势在于其多维、开放式的平台能够很好地实现产学研三者之间的协同研发；有利于信息传递和及时沟通，学习便利性强；有利于减少组织冲突；持续时间长，抗风险能力很强，共赢度高。

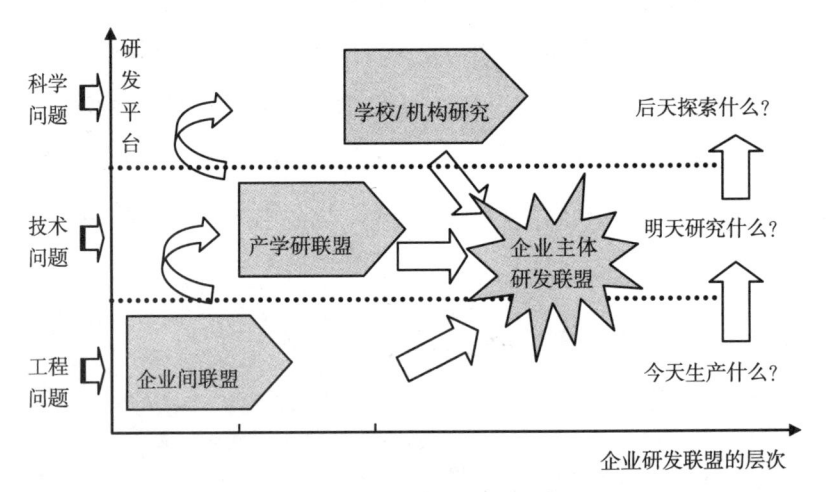

图5-3 研发平台基本概念

研发平台具有如下特点：①各方有共同的发展战略和利益目标，各方之间的权、责、利关系较为明确，能够体现利益共享、风险共担的原则；②基于平台的研发和学习具有高效性，在基于大量知识集成的基础下，通过技术集成来开展复杂产品的系统研发，能大大减少产品开发中的低水平重复劳动，有效缩短产品的研发周期；③基于平台的学习有利于培育创新技术人才，创造具有自主知识产权的高新技术，引领产业的发展和技术的升级换代；④基于研发平台的联盟通常伴有较长期的合作关系，各方在技术、人力等条件上相互依赖和互为补充；⑤平台技术具有通用性。一个平台能解决某个领域的一系列终极化应用。

研发平台具有资源集成的功能，为企业间技术学习提供了更多的便利。平台采取灵活多样的合作形式，集成产学研优势资源，通过敏捷研发和协同管理，促进学习交流，缩短研发周期，降低研发成本，进一步加强平台内企业集成外部资源的吸引力，形成良性循环，使平台获得健康、快速的发展。

联盟的知识基础理论认为基于研发平台的联盟体是一个"知识的集合"或"知识的仓库",它能为企业提供多种机会以获取合作伙伴的信息、技术和知识,而这种机会通常是独自经营的企业在特定的时间和成本约束下难以获得的。也就是说,战略联盟为企业间的学习和知识管理提供一个独特的平台。需要强调的是,联盟的知识基础理论强调动态的知识管理过程而不是静态的知识分类,它的研究对象不仅涉及企业间有效的知识转移、分享和使用,而且关注知识的有效开发和创造。这种动态的、过程导向的视角使得知识基础理论特别适合理解联盟内的知识运动过程。

基于研发平台的联盟技术学习是一种资源聚集型技术学习(见图5-4),是企业研发联盟中相对高级、相对紧密、相对成熟、相对有效的技术学习模式。基于研发平台的联盟技术学习具有如下特点:①该模式的联盟成员在各自的领域均有较强的技术优势,各有所长,主要合作方一般是研究型大学和国家重点企业;②该模式的合作各方有共同的发展目标和利益驱动,学习方式一般表现为互补性学习;③该模式的合作双方一般有前期合作历史,是一种相互了解信任、相互学习、协同共赢的长期合作关系。

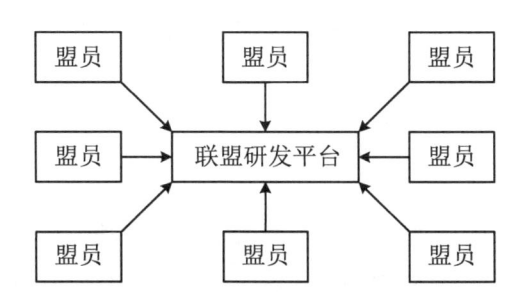

图5-4 基于研发平台的资源聚集型技术学习

5.2.2 技术学习导向下的研发平台建设方案

研发平台应该是企业级(间)的平台,可进行企业间合作开发,可实现联盟式跨域协同。研发平台要根据企业研发活动的特点整合所有研发工具，而形成一个基于网络的、有利于联盟技术学习的协同研发环境。研发平台的搭建一般包括硬件平台和软件平台两部分（见图5-5）。

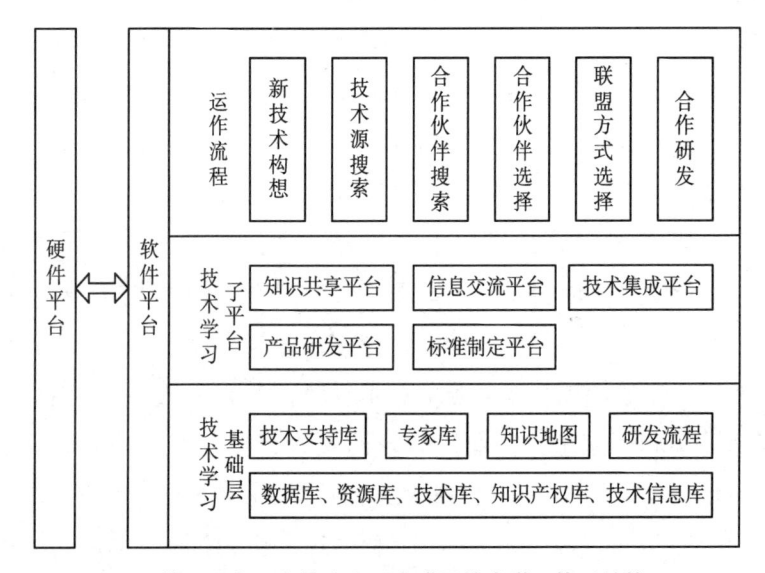

图5-5 基于研发平台的企业研发联盟技术学习体系结构

（1）硬件平台。硬件平台的构成：研发经费、实验仪器、设备、研发人员、科学仪器设备、科技文献、知识产权等。

（2）软件平台。软件平台包括技术学习基础层、技术学习子平台和平台运作流程。

①技术学习基础层。基础层是联盟研发平台的基础环节，是联盟研发平台的支撑运行环境，也是建立联盟知识库、实现联盟成员企业知识积累与使用、实现联盟技术学习的基础，由技术知识库、专家库、知识产权库、知识地图、研发流程等共同组成。平台基础层数据库是在产品设计结果、设计数据、实验数据基础上提炼出来的一系列规范、标准、经验，并随着联盟的深入不断增加和积累，其内容不断得到丰富。

②技术学习子平台。子平台包括知识共享平台、信息交流平台、技术集

成平台、产品研发平台、标准制定平台等,是实现联盟技术学习的重要媒介和支撑工具。

③平台运作流程。研发平台的运作流程包括新技术构想、技术源搜索、合作伙伴搜索、伙伴选择和准入、联盟方式选择和合作研发的开展等。

5.2.3 基于研发平台的企业研发联盟技术学习的载体

基于研发平台的企业研发联盟技术学习形式主要包括共建研发合资企业、共建重点实验室、共建工程技术研究中心或技术开发中心、共建博士后科研工作站等,这些实体都是平台共建型技术学习的载体,其参与主体与运行模式如图5-6所示。其中,研发合资企业的建立可以没有高校和科研机构参与,但重点实验室、技术中心、博士后工作站都需要与高校和科研机构建立联盟关系。

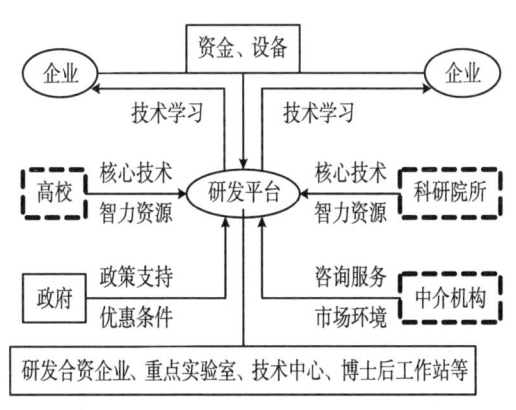

图5-6 平台基础型联盟技术学习模式

(1)研发合资企业(R&D joint venture, RJV)。研发合资企业是为了集中研发资源完成一些大型项目的创新,提高创新效率,一些大企业共同出资组建的一种股份制合作创新组织,如1997年通用和上汽合资组建的泛亚汽车技术中心,合作各方在约定范围内共享知识产权和技术资源。每个成员企业都可以通过向RJV提供激励来影响或部分影响整个研发项目进程。该组织具有独立法人资格,由该公司研发产生的研发成果,外企业使用均应付费(不管企业是否出资)。

(2) 合资研发。合资研发即通过组建合资企业进行研发，共同研发是合资战略的一部分。合资研发的载体是合资企业的研发中心或技术支持部门，如广州本田研发中心、神龙汽车技术中心等。合资研发在汽车行业比较多见。

(3) 共建实验室。企业与高校及科研院所共建实验室偏向于基础研究。它是政府支持下的产学研战略联盟模式的一种。企业可以提供资金或设备支持重点实验室建设，实验室将为企业提供技术知识的支持和技术成果。共建重点实验室有利于企业持续获得研发所需技术和知识，加快企业技术创新速度。如长虹建立了8个国际联合实验室，其中有软件开发人员600多人，硕士和博士3000多人，现在还有几百人在国外大学和大企业学习技术和管理。2001年推出的精显彩电就是由长虹与韩国企业建立的联合实验室开发设计的。

(4) 共建工程技术研究中心或技术开发中心。技术中心主要设在实力雄厚的大中型企业中，其任务是通过开发创新，形成拥有自主知识产权的新产品、新技术、新工艺。技术开发中心以企业为主导，企业为开发中心提供大量资金、先进试验开发设备和优秀研究人员。高校与科研院所根据企业的发展规划，提供相应的技术、知识和人力资源支持；按照企业技术需求的特点，完成技术项目的研究与开发，并辅助企业完成一系列研究，实现联盟的持续发展。

(5) 博士后科研工作站。博士后科研工作站（以下简称工作站）是指在企业、科研生产型事业单位和特殊的区域性机构内，经批准可以招收和培养博士后研究人员的组织。我国于1985年开始推行博士后制度，在大型企业中设立博士后工作站和博士后流动站，这是国家培养、吸引、使用高层次人才，加强科研合作，促进科技成果转化和推动企业进步的一项重要措施，也是加强企业技术学习的重要手段。博士后工作站的设立使企业有机会更积极地参与国家支持的相关高科技研究项目，与高校和研究机构开展交流合作，积累并形成一系列具有自主知识产权的核心技术，从而为企业的发展发挥更大的作用。如上汽通用五菱的博士后工作站，将成为国内目前

第5章 企业研发联盟技术学习的模式

最高水平的微型车人才培育基地。该工作站已经吸引大量的微型车技术尖端人才加盟,微型车技术的培养和储备已经成为上汽通用五菱为其他追随者拉高技术门槛的重要砝码。

(6)基地合作研发。指企业在大学或者研究机构设立研究基地,共同进行研发,企业提供资金、设备,大学或科研机构提供研发人员或场地的一种合作研发形式。该种方式对企业了解新技术发展动态,捕捉技术发展信息有重要的意义。

(7)研究协会(R&D Consortium)。一般指相同或相关产业中的若干企业,常常还有政府有关部门为了共同的知识生产目标(在通常情况下是为了构建产业技术平台),通过协议形成的松散型的研究联合体。

(8)校企联合承担重大科研课题。研究型大学可以结合自身某些方面的研发优势,同相关行业的强势企业合作,共同承担国家科技计划重大课题。例如,共同承担国家科技攻关计划重大课题、863计划重大课题、973计划重大课题等,来充分发挥校企双方的优势,提高企业技术能力。

5.2.4 案例分析:正在建设中的中国微小型汽车研发战略联盟平台

"中国微小型汽车研发战略联盟平台"是由W汽车公司发起并正式冠名成立的中国唯一一个微小型汽车研发平台。该机构设立于W公司技术中心(TDC)并由TDC负责管理。平台由以下成员联盟组成:GM、PATAC、天津中国汽车技术研究中心、宝钢研究院、上海交通大学、吉林大学、湖南大学、武汉理工大学、广西工业大学、Lotus、PAC、MILA等国内外知名院校和著名研究机构及其他具备合作前景与合作意愿的组织(见图5-7)。该联盟平台还聘请了汽车行业的知名学者湖南大学钟志华院士、吉林大学郭孔辉院士、上海交通大学林中清副校长、武汉理工大学管理学院副院长谢科范教授等担任顾问。

图5-7 中国微小型汽车研发战略联盟平台

"中国微小型汽车研发战略联盟平台"的宗旨是：搭建微小型汽车研发战略联盟平台；探索产学研战略联盟技术学习新形式；建设微小型汽车自主创新基地；实现企业技术能力的提升。

本平台集聚了大批国内外知名专家、学者、企业家和广大技术研究人员，其中既有基础研究人员，又有应用开发研究人员；既有理论家，又有实干家；既有管理人员，又有技术人员。这些人才以微小型汽车为载体，集聚在本平台内，可以开展广泛的交流、学习和科研活动，有利于平台内人员的快速提高，有利于创新思想的涌现，同时也有利于科研成果的市场转化，提高研发投入的产出效益，可以极大地推动我国微小型汽车的研发水平。

本平台通过与天津中国汽车技术研究中心、湖南大学汽车车身先进设计重点实验室、吉林大学汽车底盘先进设计重点实验室、上海交通大学汽车车身工程中心等机构建成同盟，在互利共赢的基础上联合微小型汽车领域其他企业，在标准和法规制定、检测与试验、质量体系认证、节能环保技术、信息及政策研究等方面开展广泛合作。

本平台的合作内容：

（1）微小型汽车的设计开发，包括全新车型、改进车型、年度车型等；

(2) 微小型汽车设计开发过程中配套的模具、检具、刀夹辅具等的设计开发；

(3) 微小型汽车设计开发、制造和顾客使用过程中提出的技术攻关项目；

(4) 新技术、新材料、新工艺、新方法在微小型汽车实际生产过程中的运用；

(5) 微小型汽车设计开发过程中的制度创新、方法创新和管理创新；

(6) 参与、制定微小型汽车标准；

(7) 共同组建互通、互联、共享的研发平台网络，及时标准地公布各种共享信息，为地域分割的平台成员提供交流沟通的渠道，共同建立虚拟办公室和虚拟社区等；

(8) 共同搜集国内外有关微小型汽车的法律、法规、标准、技术、价格、新闻等信息，并分级在平台内共享；

(9) 共同建立、完善国内外微小型汽车高级人才库和资源库，并不断更新；

(10) 召开各种形式的专题研讨会或交流会，发布、讨论、研究微小型汽车领域最新前沿和动态；

(11) 积极响应国家自主创新战略和知识产权战略，组织好专利、商标等知识产权的创造、申报、保护、利用和市场化等工作；

(12) 认真总结、提炼、研究W公司和平台自主创新的经验与教训，适度向社会推广。积极申报国家各种奖项，处理好产、学、研各方的知识产权问题。

(13) 共同培养人才，共享人力资源，共享教学资源。

本平台的合作形式有以下8种。

(1) 短期项目形式。W公司根据微小型汽车市场和企业的现实需求，提出具体科研项目，项目主要涉及：新车型开发、车型改进、新工艺研究、新方法运用、技术攻关和各类管理类项目等。平台管理办公室根据具体项目研究内容，参考平台建立的专家库和资源库资料，筛选出胜任本科研项目的备选机构，提交公司经理层，公司经理层讨论决定入围机构后，交由TDC和采购部门按照W公司采购流程进行处理，最终中标的机构与W公司之间就该项目签订规范的协议，规定双方的责任和权利。这种合作方式的指导思想是："以W公司为主导，以市场为导向，以资金和项目为纽带，采取契约的方式解决具体问题，实现合作双方的共赢。"

（2）战略合作伙伴形式。对于合作基础牢固（指具备核心优势且能与W公司形成互补）、合作意愿强烈、合作前景广阔的产学研机构，经过多次短期项目合作形式验证并取得成功的研究机构可以采取本合作方式，本合作方式实质上是第一种合作方式的升级。对于晋升为战略合作伙伴的机构，可以享受以下权利：

① 共享本平台内更多的信息；
② 参与本平台及W公司更广泛、长期和全面的合作；
③ 参与本平台及W公司战略发展的规划、讨论与决策；
④ 可以优先获得本平台的研发项目、技术攻关项目和远期战略项目等。

同时战略合作伙伴也担负着更重要的责任：

① 主动参与本平台的建设，为平台的发展出谋划策；
② 积极参与本平台举办的各种活动；
③ 为本平台和W公司的保密级别更高；
④ 为平台提供更多的有用信息和专门人才等。

采用本合作方式的战略合作伙伴需要与本平台签订长期严密的"战略合作伙伴契约书"。

（3）共建研究机构形式。本平台内部的产学研等机构，根据具体的发展和需要，可以提出建立各类研究机构、研究中心和实验室的设想，其他平台成员应该给予积极的支持和帮助，但同时也必须向本平台委员会告知并备案。这类研究机构可以是全体平台成员参与，也可以是部分平台成员参与，这类研究机构应该有利于本平台的发展，应该为本平台的发展作出贡献，而不能取代本平台的地位。

（4）学术研讨会形式。本平台每年年底定期召开一次大型的学术交流研讨会议，邀请平台内全体成员参加，也欢迎平台外的组织参会，会议的主题与微小型汽车相关，研讨会的具体内容在会前一个月由平台委员会办公室拟定并公布，会议的目的是交流信息，了解最新前沿和动态。如果有紧急需求，W公司可以不定期地召集相关平台成员，召开专题研讨会，专题研讨会可以不邀请全体平台成员参加。

（5）人才交流与共同培养形式。

（6）参与制定行业标准形式。本平台通过与天津中国汽车技术研究中心、湖南大学汽车车身先进设计重点实验室、吉林大学汽车底盘先进设计重点实验室、上海交通大学汽车车身工程中心等机构开展广泛深入的合作，在互利共赢的基础上联合微小型汽车领域其他企业，共同参与制定或影响微小型汽车领域的相关标准，构筑行业竞争联盟。

（7）联合申报国家级课题形式。"中国微小型汽车研发战略联盟平台"要实现"国内领先、国际上有竞争力的微小型汽车研发平台"的发展目标，不承担国家级的重点课题是难以实现其跨越式发展的。因此平台要集聚产学研各方优势资源，处理好利益与责任的多方关系，组织好共同申报国家级课题的工作。

（8）联合报奖与经验总结形式。本平台通过广泛、灵活、多样的合作，必将产生大量的科研成果，积累丰富的自主创新经验，为了提高平台的知名度，扩大平台的影响，保证平台能够健康、快速地发展成为国家级的研究平台，申报各种奖项与经验的总结、介绍和宣传是不可缺少的合作内容。

5.3 基于研发项目的企业研发联盟技术学习模式

5.3.1 研发项目的表征

最常见的企业研发战略联盟就是项目型联盟，这种联盟是企业围绕特定开发项目，为了节约研究开发成本、减少开发风险而合作组织研发过程并共享研发成果的合作方式。研发联盟是为研究新产品或开发新技术而成立的一种临时性组织。联盟各方通过相互交流与合作，不仅可以提高项目研究的效率与质量，也可以提高联盟各方的研发能力和研究人员的业务水平与创新能力。根据联盟成员所投入资源的多少和在研发中作出的贡献大小，确定各方在项目中的收益分配情况。学者陈劲将研发项目划分为基础研究、产品开发和工艺改造三个类型。

研发项目具有以下特征：①高投入，高风险；②具有特定而明确的技术目标；③用合同、契约、任务书等文件形式发布；④具有一次性、临时性、短期性等；⑤技术不确定性。研发活动具有不可预测性和不可保险性，技术不确定性与特定的技术行为的完成及相应的成本水平有关。其中，高投入和高风险是高技术企业研发项目的主要特点。也正是因为高技术项目的高投入、高风险性，单个企业的资源和力量有限，才需要通过联盟来结成知识网络，共同研究和开发。项目型联盟是较共建平台型联盟松散的联盟形式，合作伙伴之间的关系更为自由。

项目型研发联盟的结构体系如图5-8所示。

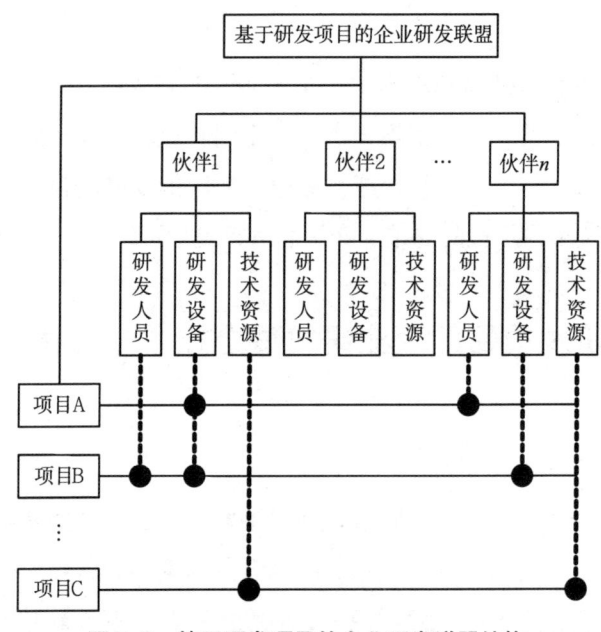

图5-8 基于研发项目的企业研发联盟结构

项目型研发联盟的运作流程如图5-9所示。

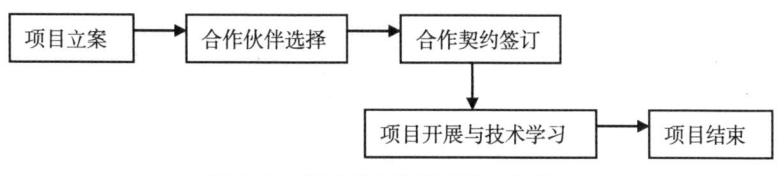

图5-9 项目型研发联盟的运作流程

5.3.2 项目基础型联盟技术学习的表现形式

基于研发项目的企业研发联盟技术学习模式包括技术成果转化、委托开发、联合开发、技术咨询、专利技术许可、技术标准制定等。

5.3.2.1 技术成果转化

技术成果转化是指高校或科研机构将专利技术的专利权、专利申请权、专利实施许可或非专利技术等科技成果转让给企业的合作方式（见图5-10）。多年来这种合作形式成功率较低，一般不到20%，其根本原因在于企业内部技术力量薄弱，缺乏对技术的消化吸收能力。若大学、科研院所能够帮助企业展开技术学习，形成企业技术能力，则技术转化效率一定会随着技术学习能力和效率的提高而提高。

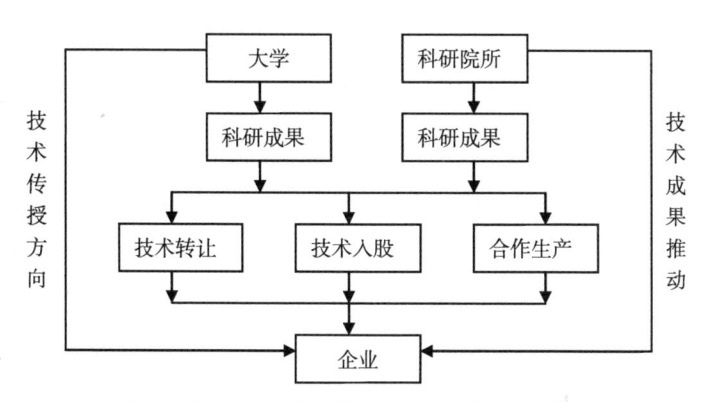

图5-10 基于成果转化的成果推动型技术学习

5.3.2.2 委托开发

在存在市场机遇，而企业自身研发能力较弱时，可采取项目委托模式（图5-11），即企业以项目（课题）的方式将所需的技术委托大学和科研单位进行研究开发，包括定向委托和招标委托。通过这种方式，企业依靠外部力量获取所需的技术或产品，及时满足市场的需求并获取销售利润。但项目委托模式并不利于企业自身研发能力的提高，企业并不具备核心技术能力，存在较大的技术风险，但若企业也参与开发过程并通过积极的技术学习掌握技术要领和诀窍，则会大大有利于企业技术能力的提高和后续发展。

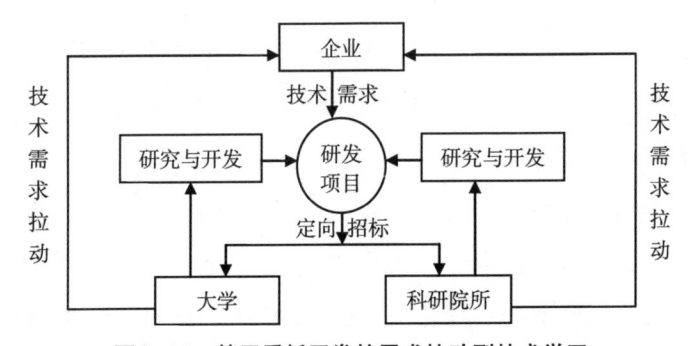

图 5-11 基于委托开发的需求拉动型技术学习

5.3.2.3 联合开发

企业之间或企业与高校及科研院所之间以合同、契约等形式，对特定项目共同进行研究开发，并共同提供资金、研发设备和研究人员。通过相互交流与合作，不仅可以提高项目研究的效率与质量，也可以提高联盟各方的研发能力和研究人员的业务水平与创新能力。合作研发模式成功的关键在于合作伙伴的正确选择、风险责任的明确划定、利益分配的合理安排。

联合开发其特征表现为：①一般来说合作开发的技术多是技术含量较高、研发难度比较大，任何一方都难以独立完成的项目；②合作对象主要为大中型企业和科研院所；③双方或多方共同进入整个或某个阶段的开发过程，属并行式开发和并行式学习。联合开发的优势在于较好地体现了技术优势互补，结合度较高，风险机会较小，可以并行式地展开技术学习。

5.3.2.4 技术咨询

技术咨询是指校方为企业方就特定技术项目提供可行性论证、技术预测、专题技术调查、分析评价报告的合作方式。技术咨询在实践中包含以下种类：重大工程建设项目的经济技术可行性论证；经济、技术、法律方面的可行性分析；企业技术改造计划、方案和规划的论证；对新技术、新产品受托评估、鉴定；技术及设备的引进策略、方案及可行性论证；管理技术咨询和对企业的经营进行论证；专项技术问题咨询；新产品开发与市场预测；技术和产品开发专利检索咨询等。

5.3.2.5 技术交换协议

技术交换协议（Technology Exchange Agreements），包括技术共享协议（Technology Sharing Agreements）和交叉许可协议（Cross-licensing）。采用这种模式，技术输出方的领先地位不会受到影响，而技术获取方则可以迅速增加自身的技术能力。在联盟成员间交换技术资料，可以加强企业在技术弱势方面的调整和学习。

5.3.2.6 联合制定技术标准

在知识经济时代，企业的经济效益更多地取决于技术创新和知识产权，技术标准逐渐成为专利技术追求的最高体现形式。关联产品之间的技术兼容性对行业内甚至是行业间的企业至关重要。特别是在高新技术行业，如航天、新材料、信息、ICT等行业，产品标准、方法标准和管理标准等技术标准能够成为技术保护的重要壁垒。在日趋全球一体化的市场中，单个企业若要建立统一的行业技术标准越来越困难。与潜在的强大的竞争对手建立研发联盟，有助于企业通过协助和相互学习建立一个共同遵守的技术标准。

我国企业组建技术标准联盟通常采用两种方式：一是积极加入国外大公司发起的标准联盟，尤其是技术和标准共同开发的联盟。这不仅可以保证我国企业自己开发的技术与随后产生的国际标准相容，而且也有利于我国企业学习国外的先进技术和成熟的商业运作模式。二是行业内的企业共同组建战略联盟，围绕核心技术进行联合投资、合作开发、充分利用自身丰富的技术与市场优势，推动技术标准的形成。

5.4 基于人才培养的企业研发联盟技术学习模式

5.4.1 研发人员特征

研发人员作为技术创新人才，是企业研发联盟技术学习的重要载体。研发人员所拥有的知识在很大程度上是一种未编码的个人专门知识，它是企业研发人员在长期的科研与开发的实践中积累而成的经验和技能，这些能力必须依附在研发人员这一载体上才能存在。许多实证表明，研发人力资本是增强企业学习吸收能力的重要因素。

要研究基于人才培养的企业研发联盟技术学习模式，必须首先了解研发人员的特征。知识管理专家玛汉·坦姆仆经过大量的实证研究认为，研发人员注重的前四个因素依次为：学习机会、个人成长、工作自主和业务成就，金钱财富排在最后。研发人员的特征主要表现在以下几个方面。①具有相应的专业特长和较高的个人素质，掌握一定的专业知识和技能。②具有创新能力，创新是研发人员最重要的特征，研发人员的工作最具创造性。③拥有强烈的求知欲，较强的学习能力，宽泛的知识层面；拥有对新知识不断探索、对事物更新创造的能力素养。④较强的成就动机。研发人员通常具有较高的需求层次，有很强的成就欲望和专业兴趣，热衷于具有挑战性的工作，关注自身价值的实现。⑤高度重视成就激励和精神激励。他们愿意发现问题和寻找解决问题的方法，也期待自己的工作更有意义，并对企业有所贡献。⑥环境依赖性强。研发人员研发活动的有效运行甚至成功与否对外界资源具有较大的依赖性，创造良好的工作环境，配置较好的科研设备和齐全的资料，使他们能够顺利地从事研发工作，满足他们对研究科学问题所固有的好奇心、为他们提供学习的机会也是一种特有的激励手段。

以上所述的这些特征勾勒出了研发人员的典型形象，他们表现出明显不同于一般员工的特点，研发人员渴望从工作中获得成就感和新的知识[203]。学习始终伴随着研发人员参与的知识创造过程，学习能力和创造能力是研发人员的关键能力，学习机制和能力培养是提高研发人员技术研发能力的关键机制。研发人员的能力能否充分得到发挥直接影响企业的竞争力和持续发展。研发人员对技术知识和研发经验进行共享、传递、提炼和探索，才能达到提升技术学习能力、增加技术知识积累、形成技术尖兵的效果。以技术学习为导向的研发人员管理模型如图5-12所示。

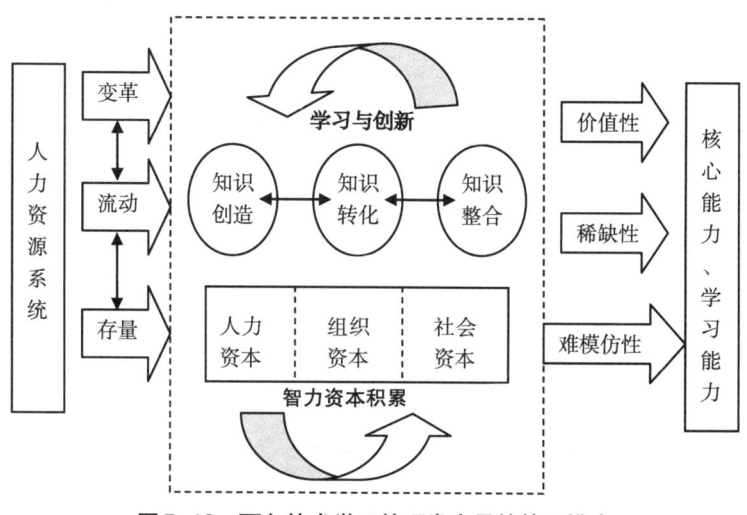

图5-12 面向技术学习的研发人员的管理模式

5.4.2 面向技术学习的研发人才合作培养形式

科学技术的不断提高，研发生命周期快速缩短，使得企业对研发人员知识和技能的要求越来越高，企业与企业、企业与高校和科研院所之间的人才培养合作有利于双方相互交流来自学术界、产业界等多方面的知识、技能和经验，有利于企业建立学习型组织，找到新的技术来源。面向研发人才培养的联盟合作主要有两种模式：一是企业之间的技术型HR联盟，主要有技术人员交流、技术研讨会等形式；二是产学研合作人才培养模式，包括人员派遣、进修，委托代培，订单式人才培养等（见图5-13）。

```
         技术研讨会、HR联盟      订单式人才培养
              ↓   ↓           ↓
         ┌──────┐ ┌──────┐ ┌──────┐
         │ 企业 │ │ 企业 │ │ 院校 │
         └──────┘ └──────┘ └──────┘
              ↑   ↑           ↑
          技术人员交流计划    人员派遣、进修
```

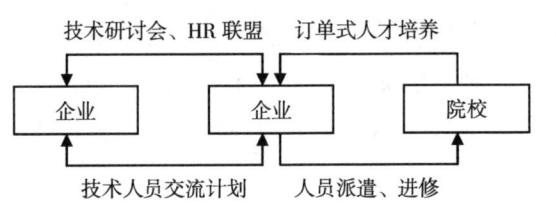

图5-13 基于人才培养的企业研发联盟技术学习

产学研合作人才培养的模式在我国比较普遍。这种形式主要是高校与企业在人才培养上的合作，通过合作使企业获得技术创新所必备的人力资源。具体表现为一个双向的人才回路。企业派科研人员到大学和科研单位进行交换、培训、交流；大学和科研单位的科技人员到企业指导研发、开展培训、交流等。主要方式和途径有：①拓展和完善企业博士后体系；②完善以项目为纽带的人才交流制度；③建立产学研人才流动的保障制度；④建立产学研访问学者制度；⑤加强产学研结合创新基地建设；⑥建立产学研开放式创新团队制度、导师制度、讲师制度等；⑦联合办学、共建基地；⑧技术专家类教授到企业兼职。

5.4.3 人才培养型技术学习的关键问题

5.4.3.1 正确选派学习代理人

因为组织只能通过组织成员进行学习，被派往战略联盟的人员是主要的学习代理人。学习代理人除参与合作、完成任务、获取信息外，更加重要的是通过实地工作学习外部默会知识。因此，企业外派人员应当是具有相当素质和学习能力的。除了学习能力外，学习代理人还应具备相应的知识基础、信息搜集能力和技术识别能力。例如，如果一个企业希望吸收其合作伙伴拥有的某项技术，被派往联盟的人员应该具有吸收这种技术的能力，因为这种技术通常是嵌置于合作伙伴组织内部的隐性知识。这就要求被派人员应该具备相当的与这种技术有关的知识。同时，从经验学习中获得的知识常常是不确定的。被派往联盟的人员应该能够识别和学习对企业

真正有用的知识。

5.4.3.2 建立学习激励机制

企业在联盟中的学习目标不应仅仅是获取合作伙伴的知识和技术，从联盟的经历和经验中学习、深入挖掘式学习同样很重要。如果没有明确的学习责任和分享经验的义务，被派往联盟的员工或许没有足够的积极性和主动性进行有效的学习。企业的激励机制应该包括对学习活动的激励。激励机制是有效促进学习积极性和学习成果分享意愿的组织设计工具。

5.4.3.3 建立学习报告整理和管理制度

要求被派往战略联盟的管理人员向企业总部或知识管理部门递交有价值的经历和知识方面的报告，这有助于从联盟中学习到的知识在企业内进一步扩散。因为这些报告将成为组织记忆中的永恒记录，经显性化后成为企业的储备，即使人员流失，企业也不会丢失这部分知识，可供其他员工学习。

5.4.4 案例分析：宝钢依托产学研联盟的技术人才培养模式

宝钢与高校、研究机构合作开展技术人才的教育培养工作，主要通过以下几种形式实现。

5.4.4.1 开展继续教育工程

宝钢要走通过科技进步来保障生产能力的持续增长的集约化道路，就必须不断地强化继续工程教育。宝钢继续教育的根本，就是为宝钢的生产、经营发展、技术创新及人才培养战略服务。宝钢继续教育的出发点在于努力探求世界工程技术最新发展、宝钢技术创新的需求与宝钢广大研发人员素质的最佳结合点。继续教育就是要确保宝钢的工程技术水平处于世界科技发展的前沿。

宝钢的领导要求宝钢的专业技术人员密切注视国际上高新科技发展趋势，力求培养出企业自己的高水平的各学科带头人，以促进宝钢的科技进步。宝钢通过与高校开展产学研联盟，坚持开办高新科技知识讲座和新技术专题研修；并且先后选送优秀青年技术人员脱产去高校进行定向培训。

5.4.4.2 聘请专家到企业讲学

为了解决生产、经营、科研开发等方面的许多高难度课题，同时为了使宝钢的专业技术人员能更多地了解当今国际、国内的科技发展趋势，推动宝钢的科技进步，多年来坚持聘请高校的学者、专家及博士等研究人员到企业，通过讲学、辅导、研讨、科研攻关等形式，介绍最新科技信息，传授最新科技知识，并合作解决企业难题。这些努力改善了宝钢经营管理干部和专业技术人员的思维能力，拓宽了知识面，开阔了视野，相应地培养出一批经营管理人才和专业技术骨干。

5.4.4.3 合作课题研究

宝钢的工程技术人员带着宝钢的课题，到合作高校的国家重点实验室，利用那里先进的技术设备和科研信息网络，在重点实验室技术专家的指导下，开展宝钢课题的研究。这样既解决了宝钢生产科研问题，又培养了宝钢的专业技术人才。

5.4.4.4 与高校、研究机构联合建立办学实体

宝钢先后与东北大学、北京科技大学合作，成立了东北大学研究生院宝钢分院和北京科技大学研究生院宝钢分院，采取不脱产方式，定向培养宝钢主体专业的工程类硕士研究生。每年举办多期科技讲座、研修班、专业技术培训班。这种请高校老师讲原理、讲基础知识，宝钢专业技术工程师讲现场实践运用，再加上专题研讨的学习形式，大大有助于企业技术类人才的培养。

5.4.4.5 与高校、国家部委合作开展专题研修

近几年来，宝钢与东北大学、北京科技大学、复旦大学、浙江大学等高校合作，先后举办了"人工智能的原理与应用""高炉操作指导专家系统""液压伺服系统""冶金工程试验设计"等专题研修班，取得了较好的技术学习效果。

2001年11月，宝钢集团公司还与国家自然科学基金委员会签定了长期合

作意向，把"钢铁联合研究基金"规模从1200万元扩大到2000万元，会同国家自然科学基金委员会组织确定"钢铁联合研究基金"首批42个资助项目。宝钢还与原国家经贸委合作筹备、召开第五届中美工程技术研讨会材料组、计算机组会议，与高校和其他企业交流科技发展规划、科研开发工作情况，为宝钢的技术人员提供了一个很好的技术交流机会。

5.4.4.6 建立企业博士后科研工作站

1994年10月28日，宝钢建立了全国第一个企业博士后科研工作站。其专业内容包括冶金、自动控制、计算机、机械、金融、营销、工商管理等11个大类。该博士后科研工作站主要是根据宝钢开展重要科研项目研究的需要，和全国有关高等院校、科研机构联合培养博士后研究，每年招收博士后研究人员，合作开展相应课题的研究。

除上面介绍的六点以外，与高校合作办班、聘请兼职教授、把企业技术骨干送到高校去深造等也是宝钢通过产学研联盟促进企业科研人才培养的重要途径。

5.5 本章小结

提出企业研发联盟技术学习的"3P"基础和"双E"模式。"3P"基础即基于研发平台（Platform-based）、基于研发项目（Project-based）和基于人才培养（People-based），"双E"模式指拓新学习（Explorative Learning）和挖潜学习（Exploitative Learning）。分析基于研发平台、基于研发项目、基于人才培养的技术学习的具体方式，并以W汽车公司正在建设中的中国微小型汽车研发战略联盟平台、宝钢依托产学研联盟的技术人才培养模式为实例展开案例分析。

第6章　企业研发联盟技术学习的M-SECI模型

6.1　企业内知识学习的SECI模型简介

（1）SECI模型。日本的野中郁次郎和竹内弘高教授从20世纪90年代早期开始，在一系列论文和专著中提出了SECI模型，用来描述企业内部隐性知识和显性知识互动转移的过程。

野中郁次郎认为，在企业创新活动的过程中，隐性知识和显性知识二者之间互相作用、互相转化，知识转化的过程实际上就是知识创造的过程。知识在三个层次上，即个人、小组和组织之间创造。这个过程归纳起来就是：经过个人之间隐性知识的传递，转变为显性知识；显性知识加工改造为知识体系，再转变为具体的个人的隐性知识。在这个过程中，知识形成了丰富、扩展、增值、创新的循环拓展。野中郁次郎把这一过程概括为SECI模型，即群体化（Socialization）、外显化（Externalization）、联结化（Combination）和内隐化（Internalization）（见图6-1）。

外化模式指属于个人的隐性知识转化为群体的显性知识的过程。外化模式把抽象的隐性知识转化为便于交流和理解的显性知识，这是知识共享过程中非常重要的一个环节。隐性知识的巨大能力只有在显性化以后，才能为更多的人使用和共享。

内化模式指在这一过程中，员工将组织的一些规章制度、方法等真正内化为自己的"诀窍"，并应用于生产实践，使得整体的生产效率会有一个较大幅度的提高。知识主体通过各种知识共享途径获得的显性知识必须被内化成主体的隐性知识，这样知识才会变成个体或组织有价值的资产，形成知识的积累和创新。

第6章 企业研发联盟技术学习的M-SECI模型

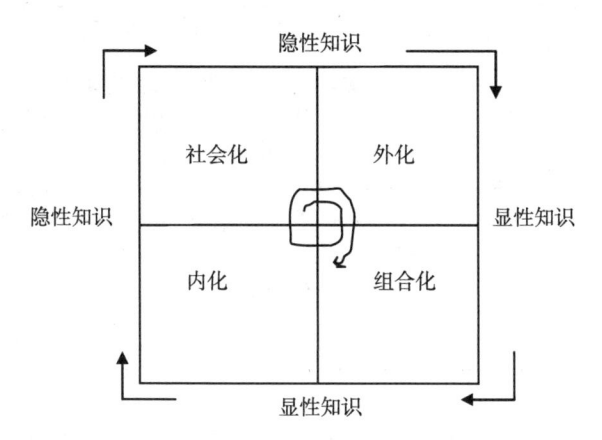

图6-1 野中郁次郎提出的企业内知识学习的SECI模型

组合化模式是若干群体的显性知识转化为组织的显性知识的过程。不同知识主体通过各种传递、表达和交流等显性化手段，对已获得的各类信息和知识进行分类、综合、分析，使之成为更容易进行共享的显性知识。综合化过程可以产生新的、更加系统化的知识。人们对待信息就像玩拼图游戏，会把自己从文件、会议、电话交谈、计算机网络等媒介得到的知识碎片联结组合成一个新的知识整体。

社会化是指个人的隐性知识向他人传递并实现隐性知识的群体共享。个人可以从他人那里不用语言符号中介而直接获得隐性知识，获取渠道是观察、模仿和实践等方法，即把个人经验变成群体的共享经验，并由此创造出共有技艺或共同心智模式之类隐性知识的过程。

SECI模型的运行方式如表6-1所示。

表6-1 SECI模型运行的方式

M-SECI框架模式	知识转移类型	可采取的工作方式
社会化模式	隐性→隐性	助理制、定期轮岗交流、建立虚拟知识社区、师徒制

续表

M-SECI框架模式	知识转移类型	可采取的工作方式
外化模式	隐性→显性	系统的经验总结体系、易获得的分享平台、细致的文件管理、设计程序、绘制蓝图、撰写建议书、整理出专家系统
内化模式	显性→隐性	开辟交流空间、建立激励机制、开展促进团队凝聚力的活动、建立共同愿景、手册研读、利用专家系统培训
综合化模式	显性→显性	分类人才的培训、辅导、教授、咨询

（2）知识螺旋。野中郁次郎强调，知识创造是一种螺旋而不是循环。隐性知识与显性知识之间的互动，通过知识创造的SECI模式被放大、增强。当知识螺旋向前发展时，它会向周围扩散，并有可能激发新一轮知识创造的螺旋。当这种螺旋不断超越科室、部门、事业部乃至组织边界时，它能在横向和纵向上均得以展开。事实上，在企业通过联盟获取外部技术知识的过程中，知识螺旋可以扩展到跨企业的层次。

6.2 联盟技术学习M-SECI模型的提出

野中郁次郎的SECI模型着重强调了企业内部知识转化的过程。但在实践中我们不难观察到，来自企业外部的社会知识对于企业知识创造也有非同平常的价值。SECI模型所揭示的仅仅是企业知识形成过程的一部分，没有考虑到与企业外部知识的互动。

在企业研发联盟合作中，企业必须善于快速学习外部知识并快速作出反应，合作企业主要面临的是知识共享、知识交流、知识创造、知识创新四个方面的内容，它们构成了联盟知识管理的体系结构，四个方面密不可分。由此，在野中郁次郎SECI模型的基础上，本书提出了企业研发联盟技术学习M-SECI模型如图6-2所示。在M-SECI中，M代表Multi-，指多个企业，S代表知识共享（Sharing），E代表知识交流（Exchange），C代表知识创造（Creation），I代表知识集成与技术创新（Integration 和 Innovation）。

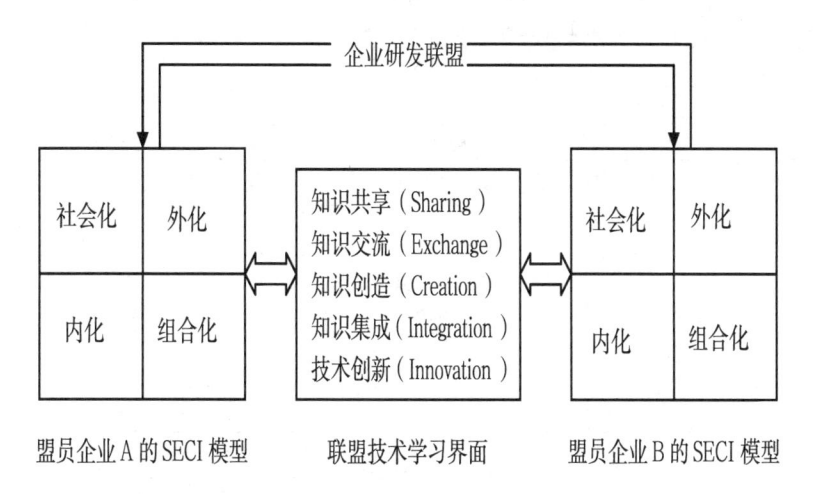

图6-2　企业研发联盟技术学习的M-SECI模型

通常知识在每个阶段的转化过程中，都需要不断地自我突破与超越，并会像滚雪球一样，越滚越多，不断增加，显现出螺旋式的演进轨迹。图6-3描述了知识经由M-SECI模型循环放大的过程。在联盟知识学习体系中，这四种转化模式是相互连续、螺旋上升的。在显性知识和隐性知识的不断转化、扩大过程中，知识主体不断地获得知识、积累知识、创新知识，知识的存量得到了扩充，质量得到了深化，为新一轮的知识创造和创新提供了更多的机会。

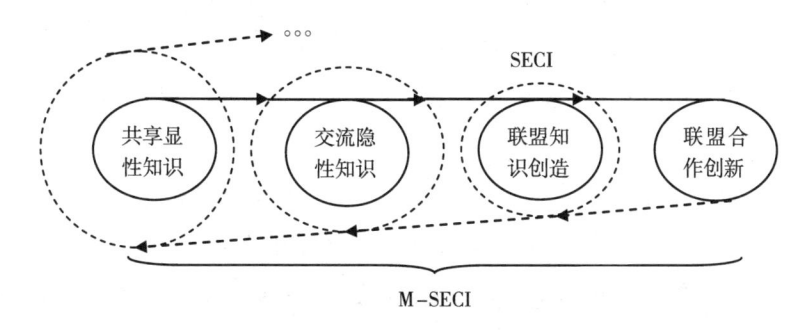

图6-3　M-SECI模型循环放大的过程

野中郁次郎的SECI模型只讨论了单个组织内部知识创造的过程，本书经由SECI模型提出的M-SECI模型旨在探讨企业之间跨组织的知识转换和创造的过程，而其中的区别与比较见表6-2。

表6-2 SECI模型与M-SECI模型对比研究

比较项目	野中郁次郎的SECI模型	本书提出的M-SECI模型
要素内涵	S：社会化（socialization） E：外在化（externalization） C：组合化（combination） I：内隐化（internalization）	S：知识共享（Sharing） E：知识交流（Exchange） C：知识创造（Creation） I：集成与创新（Innovation）
知识所有权	企业拥有所有权	不拥有或不完全拥有
知识差异	同质性高	异质性高
技术学习来源	企业内部学习	企业外部学习，通过联盟学习
学习过程	简单的技术转移	创造性的学习过程
技术学习方法	直接学习居多	间接学习居多
技术学习障碍	小	大
技术学习路径	渐进式	突破式创新
技术学习平台	简单	复杂，网络式
管理难度	较容易	比较难控制
治理机制	管理制度	联盟契约和信任关系

M-SECI各环节的内容、任务和技术学习类型如表6-3所示。知识共享主要是编码化的显性知识的学习，知识交流主要是隐性知识和未编码的显性知识的学习。显性知识转移有利于拓新学习，有利于实现应用性创新；隐性知识转移有利于挖潜学习，有利于实现探索性创新。显性知识的共享是联盟成员企业技术学习的基础，隐性知识的交流是联盟技术学习的关键与实质，二者的比较如表6-4所示。知识共享和知识交流促成了联盟企业间的显性知识和隐性知识的转移，是联盟知识创造的基础。知识创造又是技术创新的基础。知识创造是新的理论知识的产生，知识创新是新的理论知识的集成应用。

表6-3 M-SECI各环节的内容、任务和技术学习类型

M-SECI过程	内容	目的	技术学习类型
知识共享	拓宽知识来源	显性知识转移	拓新式学习
知识交流	挖掘获取外部隐性知识	隐性知识转移	挖潜式学习
知识创造	知识转化过程，知识场，知识资产	创造新知识	交互式学习
知识创新	知识的商品化	实现新创造知识的应用价值	实践中学习

表6-4 隐性知识与显性知识的不同表现和不同学习方法

特性	显性	隐性
本质	可编码呈现，可清楚说明，较客观	直觉、想象力、创意或者技巧，无法清楚说明，相当主观
正式化程度	能通过编码利用正式的文字、图像等有系统地进行传播	不容易文件化、记录、传递和说明
形成的过程	对于信息的研读、了解、推理与分析	由实践经验、身体力行及不断试验中学习和积累
存储地点	文件、资料库、图表和网页等	人类的心智
媒介要求	可以利用电子文件传送，如E-mail、FTP，不需要太丰富、复杂的人际互动	需要丰富的沟通媒介，例如，面对面沟通或通过视频会议传递
重用运用	可以有效地完成结构化的工作，例如工作手册的制定	对于突发性、新问题的预测、解决并创新

6.3 M-SECI模型的要素解析

知识共享为联盟企业间显性知识的转移提供了平台；知识交流有利于促进隐性知识的转移；知识创造实现隐性与显性知识的相互转化，形成螺旋式

上升，促使新的知识逐渐被创造出来；知识创造是知识集成与创新的基础。创新成果和过程又被共享和交流，形成新的M-SECI循环（见图6-4）。知识创造和创新是技术学习的本质目标所在。知识创造是知识管理过程的暂时性目标，知识集成与创新是知识管理过程的最终目标。

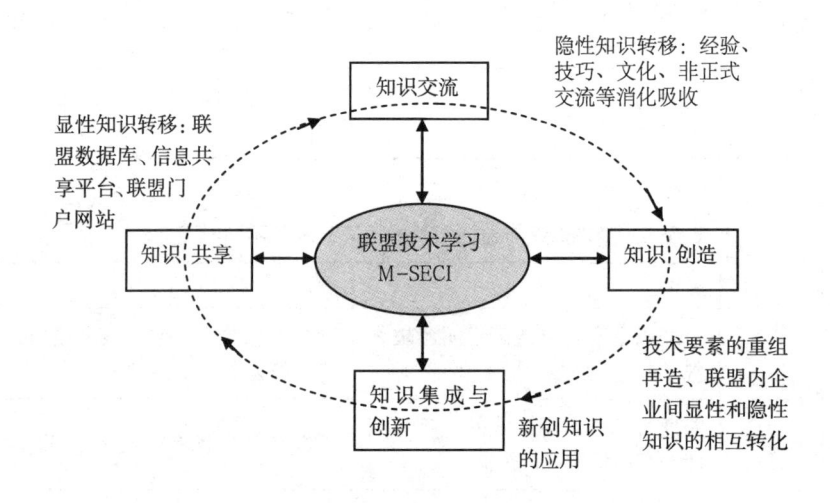

图6-4 M-SECI模型的运作机制

6.3.1 联盟知识共享平台

联盟的知识共享（这里所说的是狭义的知识共享），是指联盟成员企业的知识通过各种共享手段为联盟网络内其他企业所共同分享，从而转变为联盟体共同知识财富的过程。知识共享以显性知识为主，是内部显性知识到外部显性知识的贡献分享和外部显性知识到内部显性知识的学习转化。联盟成员乐意将其拥有的专有知识拿出来交流往往是以要求得到相应的回报为前提条件的。因此联盟成员之间的共享与交流可以看作一种知识交易，亦即知识交换。因此，相互信任、分享工作经验和资源的企业文化、来自高层管理者的支持、良好的伙伴关系都是成功实现知识共享所必需的。联盟企业间的知识共享主要表现为企业对从联盟伙伴处所获得的信息、技术、管理等知识的收集、处理和传播活动。在这一过程中，将得到的分散、不系统的外部显性知识加以组织整理，使其成为有序的联盟显性知识，从而为联盟成员的技术学习和联盟的合作创新提供知识储备。

知识共享带来两方面的效应。①避免重复开发。知识共享有利于缩短新产品的开发品周期，减少开发成本，这对联盟成员企业而言是至关重要的。学会继承现有的知识和成果，共享他人既有经验，必将大大减少创新的成本，缩短创新的周期，提高创新的效率。②让已有知识创造出更多的价值。只有当知识被越来越多地运用，发挥其作用的时候，它的价值才能体现出来。不像那些有形的东西在使用过程中逐渐消耗掉，知识不但不会被消耗，反而在共享的过程产生新的知识，这也是在人类历史进程中，源源不断产生新知识的一个原因。知识共享的人越多，知识产生作用的范围就越大，对企业就越有价值。

知识共享是联盟技术学习的基础和源泉。编码性知识的共享是让企业和员工获得成长、发展所必需的学习资源。知识共享是联盟技术学习成败的关键，联盟必须为更有效的知识共享创造良好的界面和环境。反过来，技术学习又促进了知识共享。学习的过程伴随着知识的传递、交流与共享。知识共享是一个动态过程，是依靠组织学习来完成的。当个人的知识通过组织成员之间的交流与互动转化为组织知识的时候，组织就得到了学习。同时，这也是一个实现知识共享的过程，也就是说组织学习过程伴随着知识的共享。另外，任何知识共享都是建立在一定的基础上的，只有通过学习，获得一定的知识后，才有可能实现知识的互动与共享。随着组织学习范围的延伸，涉及的人数越多，将促进知识在组织内部更加快捷流畅地传播，那么知识共享的力度也越大。良好的学习氛围、学习制度和环境不仅有利于组织学习的进行，同时也加速了知识共享的效率。

6.3.1.1 知识共享途径

联盟管理委员会需要建立必要的流程、方法和手段来累积和存储各个阶段产生的知识，并汇总到联盟知识共享平台中，只有这样才能使学习成为一个不断上升的过程。另外，企业也要利用共享平台中的知识服务于每一个阶段。企业研发联盟知识共享的总体架构如图6-5所示。

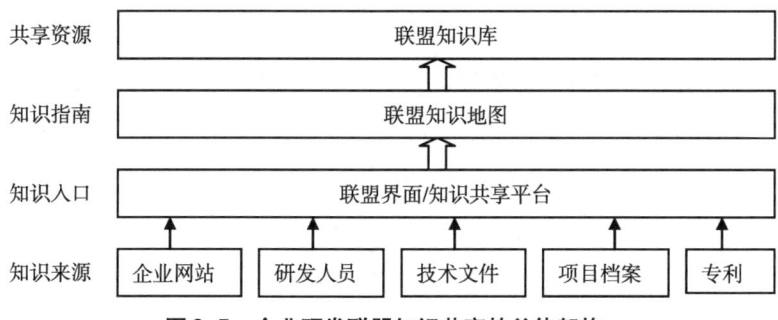

```
共享资源    [        联盟知识库         ]
                        ↑
知识指南    [        联盟知识地图        ]
                        ↑
知识入口    [    联盟界面/知识共享平台    ]
             ↑      ↑      ↑      ↑      ↑
知识来源  [企业网站][研发人员][技术文件][项目档案][专利]
```

图6-5 企业研发联盟知识共享的总体架构

（1）联盟知识库。首先，战略联盟需要一个聚集知识的场所，这里称为联盟知识库。联盟利用知识库聚集来自联盟各方的不同知识，这些知识包括研发知识、技术知识、管理知识、创新文化等。建立一个高效的知识库对联盟企业技术学习是非常重要的。组织学习是一个循环往复、螺旋上升的过程。技术学习不是从零开始的，而是建立在以前已有知识和学习的积累之上的。组织学习的每一个环节都会产生新知识，应该让它及时存储在组织知识库中，使之方便联盟成员的共享与利用，并服务于联盟体的继续学习和创新。

（2）知识地图。组织中有些成员是某一方面的高手，并有共享的意愿，但却不知道哪个部门或成员需要他的经验和知识。而另一方面，一些成员不知道如何找到他们所需要的知识和专家。因为这些知识和专家虽然存在于组织内，但却是零散地存在着，当组织成员对这些知识和专家有需求的时候，他们却不知道或找不到这些知识和专家在哪里。这时候知识地图的作用就显现出来了。知识地图如一个索引、指南和向导，以清单或图片的形式出现，并不直接告知知识的内容，而是指出所要查找的知识的具体位置。将知识和技能加以分类，并建立知识地图索引系统，就完成了知识地图的制作流程。研发人员可以通过知识地图跨越企业界限获取他们所需的知识与信息。创建知识地图所需的信息通常已在组织中存在，但它们往往以分散的、未成文的形式存在。每个雇员的头脑中都有一小块知识地图，知道他自己的专长及到哪里去获得特定问题的答案。创建知识地图就是把这些个人和成员企业的小知识地图结合在一起，形成整个联盟的知识地图。

6.3.1.2 知识共享障碍

知识共享障碍来源于以下四个方面。

（1）联盟成员企业文化差异。联盟中企业文化建设不到位会影响知识共享。没有员工对战略联盟知识共享文化的认同，就不会有个体从行动上主动共享知识，就难以自觉支持联盟知识管理项目的实施。不同企业的文化差异会影响到联盟内部企业之间的知识共享。如保守思想就不利于联盟知识共享的开展。这种障碍表现为强烈的垄断意识和缺乏奉献精神，从而引发了以下行为：参与战略联盟的企业或个体将部分知识资产或核心知识资产予以保留；数据库开放不完全，如只展示显性知识而保留隐性知识、展示通用性知识而隐藏专有知识；隐瞒部分信息，如技术的不成熟点所在、专利的有效性、国内外同类技术商品化率或扩散情况等；共享的是不成熟技术，尚需进一步投入时间和经济成本才能确知技术的全部情况等。这一系列行为必将引发知识产权的自我垄断与联盟知识信息共享之间的必然冲突。

（2）联盟治理机制障碍。组织层级过多会影响知识共享的效果。战略联盟由多个合作伙伴构成，联盟层级过多，就会导致知识共享渠道不畅、信息传递速度慢和信息失真现象严重。联盟内部人员在接受信息时缺乏足够的适应性和灵活性，不利于联盟企业内部的沟通交流，这必然极大地阻碍企业知识共享的有效实现。组织机制建设的障碍往往是实现知识共享的另一桎梏。联盟内部一些企业往往在制度建设方面力度薄弱，很多企业对知识共享奖励制度的建设还是空白，最终导致只是推崇和鼓励拥有独特技能的人才，实现专家主义，对贡献知识的员工缺乏有效的奖励，忽视集体知识对企业自身甚至整个联盟的运作和发展的意义。

（3）技术机密保护。技术机密对于企业来说至关重要，它可以说是企业生存的依赖基础。考虑到联盟结构的松散型，战略联盟合作方可能对联盟的忠诚度不高，各联盟企业不愿将其共享，以防商业机密的泄露直接影响到企业脱离联盟以后的发展问题。即使企业领导人员愿意将知识共享给联盟伙伴，但考虑到战略联盟企业之间对联盟的忠诚度问题，联盟中的其他企业若掌握自己公司的内部资料，会不会盗用本公司的知识产权及核心技术等，这些都是联盟中各个企业必须面对和仔细思考的问题。

（4）知识产权纠纷。出于对知识产权的保护，战略联盟企业往往在联盟内知识共享方面对企业的核心知识有所保留，以免引起不必要的麻烦，战略联盟企业知识共享的难度亦正是来自于此。在涉及知识产权的纠纷时，企业一般会用法律手段来维护，这对战略联盟来说是致命的打击。知识产权代表的是某个实体的私有利益，而知识共享则代表了信息用户对信息公开、无偿获得的要求，是公共利益的表现，因此联盟进行知识共享的时候必然和知识产权相冲突。联盟必须以恰当的方式来解决这一冲突，一方面应强调企业新技术的开发和知识产权的保护，充分尊重企业对核心知识的所有权，另一方面联盟亦应营造一种相互信任合作的氛围，鼓励联盟各方共享其有价值的知识，展开技术合作、知识共享，从而推进联盟各方提高自身的技术优势，实现共赢的局面。

6.3.2 联盟知识交流机制

对于存在于文件、档案或数据库中的外部知识可以通过共享渠道获得，但是对于存在于组织机构的程序、过程、实践和惯例之中的隐性知识和未编码的显性知识，由于其尚未明晰化和很强的个人属性，通过公开渠道共享比较困难，它们只有通过正式和非正式交流才能得以扩散。隐性知识的共享更是无法实现，隐性知识的获取和流动主要依靠人与人之间的交流互动。在联盟技术学习中，由于知识发、收者双方分属不同的组织，他们接触和交流的机会较少，企业要想获取组织外部的隐性知识，必须为员工创造与其他企业员工接触的机会，提供交流和沟通的机会。通过联盟运作，企业可以从联盟伙伴那里学习成功的经验（隐性知识）以构建自身的核心能力。通过观察、模仿和实践，企业得到自身发展所需的外部知识，并使其在企业内传播和共享。

技术知识是企业的核心研发资源，它只有在企业内部不断交流才能产生更大的价值。知识交流指的是知识以不同方式在不同组织或个体之间的交流或传播。联盟中的知识交流是一个具有多个维度的过程：在概念的层次上，知识交流是一个认知过程；在操作层次上，知识交流是一个组织间的沟通过程；而从知识的资源属性出发，联盟中的知识交流还是一个资源交易的过程。联盟中的知识交流包括三个层面。

(1) 个体与个体之间的知识交流。这是个体隐性知识在个体之间的流动。难以显性化的个体隐性知识，如技能、诀窍和心智模式等，通过师带徒等个体交流方式在个体之间流动。

(2) 个体与团队之间的知识交流。一是个体隐性知识向团队隐性知识流动。通过专家当众演示、指导团队工作等方式将其个体技能、技巧和管理经验等隐性知识逐渐传授给相关团队，转化为团队隐性知识。二是团队隐性知识向个体隐性知识的流动。对难以显性化的团队隐性知识，如团队所掌握的隐性技能、团队成员的默契、协作能力等，通过团队对个体的影响和个体的感悟，成为个体隐性知识。

(3) 团队与团队之间的知识交流。在各团队之间的合作和协作过程中，通过观察、切磋、研讨、模仿和不断实践等方式，一个团队领悟和掌握另一团队的经验、诀窍、默契、心智模式、价值体系、团队文化等隐性知识，并转化为自身的团队隐性知识。

知识交流具有以下特点。①所传递的信息大多是未经记录整理的尚未进入知识库的最新知识，常以交谈、E-mail 和现场考察的形式进行，较为直接、迅速、生动。②具有高度的选择性和针对性，直接从信息的创造者那里获得所需情报信息。较之去查找数以百计的相关资料显然要容易得多。但从交流的信息内容上讲，信息的精度和准确度不可靠。③过程反馈迅速，人们通过直接交谈或交换信件获取信息，可以随时澄清、校正和解答问题。但从对信息的存取方式来讲，无论是网络环境还是非网络环境，信息的存取途径较多，不固定。④通过交流得到的信息生动、直观，易于理解，易于接受，但不便于使用计算机技术来处理。从共享平台和从交流渠道获取外部知识的特点比较见表6-5。

表6-5 知识共享与知识交流对比研究

比较对象	信息来源	精度和准确度	反应速度	易理解程度	编码处理
知识共享	书本、说明书、知识库	较高	相对较慢	比较单一、抽象，相对难以理解	容易进行编码处理
知识交流	交谈、书信、现场考察	不高	迅速	生动、直观，易于理解	不容易进行编码处理

6.3.2.1 知识交流途径

员巧云、程刚[204]对隐性知识交流的途径作了比较详细的总结，见表6-6。

表6-6 隐性知识交流途径

策略	特点、效应
组织结构扁平化、柔性化、网络化	打破组织结构之间的界限；缩短上、下级之间的工作距离和心理距离
知识共享的企业文化	特点：共同愿景、集体意识；信任感、组织公平感、互惠观；主动学习、注重学习能力；知识共享机制；不固定的非工作员工协作关系。 效应：建立近距离隐性知识交流的心理基础
知识型团队、项目小组	激发密切频繁的对话沟通和深度会谈；明确的任务和共同愿景、共担责任；考核激励；自组织、自学习及自适应；不同观念和冲突的碰撞

续表

策略	特点、效应
实践社区	相似的人做相似的工作；强有力的领导负责决策；核心的实践团队；成员包括训练有素的专家；自由交流
专家咨询	提供符合特殊要求的创造性和创新性服务
聚会、沙龙、演讲、未来研究讨论会	轻松的环境；消除人际关系的隔阂；提供畅所欲言的天地；及时、有效地传递公司信息
师徒关系	毫不批判地服从；观察模仿、干中学、掌握技巧和心智模式；分享经验；及时纠正错误；逼近问题
知识交流平台	技术：互联网；知识数据库；群件；基于案例的推理；人工神经网络；商业智能；专家系统；视频会议、电子会议；知识专家地图；论坛；Blog；电子讨论系统；学科信息门户和企业知识门户
兴趣小组、学术梯队、实践社区	在某领域有高知识关联度的集体；小范围内及时的知识交流
其他近距离交流	调查、在职培训、人员流动

本书作者认为可以把隐性知识交流分为两类。

（1）面对面交流。随着现代信息、通信技术的发展，显性知识可以更方便地被传播和接受。但科技文化在很大程度上表现为隐性知识，隐性知识几乎只能靠面对面的交流。即使是面对面的交流也不能保证良好的沟通效果，语言障碍和文化差异使得直接沟通难以形成。而且交流要维持一定的频率，否则双方的信任程度就会很低。尤其是在构建团队精神的项目早期，需要建立对项目领导的信任和界定系统架构的时候，或者当项目需要多学科融合、补充资源、共享隐性知识时，面对面沟通尤为重要。面对面交流是一种较为传统的交流方式，目前，国内外应用和支持的几种面对面交流方式主要有以下几种。

帮带制。实践证明互帮互带、师带徒等是一种非常有效的依靠员工的言传身教促进隐性知识传播和共享的交流方式。

利用面对面的知识交流平台。创造一个宽松的交流环境和交流机制是促进交流的必要条件，能够促进许多重要且实用的新思想和新经验在企业内有效地传播。

专家指导和培训。知识型员工可以通过与专家一起工作、参加企业内外部的培训学习到所需的操作工艺、技术工艺、专家技能。这种正式的面对面交流方式非常有利于隐性知识的表达和传递。

（2）虚拟交流。信息和通信技术前所未有地发展为管理R&D提供了新的机会，使用电子邮件、视频技术、电子会议、共享数据库和远程登录技术等可以极大地提高合作R&D流程的效率。跨组织的知识创新离不开现代化的信息和通信技术。虚拟对话交流是利用先进的网络信息媒介与企业内外部进行的正式与非正式交流，其依赖的信息媒介包括知识库、数据挖掘技术、内部网络、群件技术及互联网（Internet）等。随着信息技术的普遍应用，依靠信息技术进行虚拟对话的交流方式已成为支持隐性知识交流并促进隐性知识传播和共享的有效手段。目前，国内外学者普遍提倡利用IT技术建立虚拟对话平台，帮助知识型员工隐性知识的交流和共享。

6.3.2.2 促进知识交流的保障机制

（1）学习型的组织体制。建立学习型组织——团队与等级制相结合的企业组织结构，可以弥补传统金字塔式的组织体制中层次过多、员工内部沟通不畅、隐性知识交流与交流受阻的局限，其扁平化、柔性化、网络化的组织结构加快了知识的交流、转化和创新，使企业各阶层的员工可以在组织学习中面对面地交流。通过这种交流，把属于个人拥有或未被认识的隐性知识发掘出来，并在组织中传递和转移，从而达到隐性知识交流与共享的目的。

（2）学习型的企业文化。实践表明，企业文化对隐性知识的交流、转化与创新有巨大的影响。企业内部是否具备促进知识流动、转化与创新的良好环境和氛围，是否形成自觉合作、自觉交流的较为完善的以人为本的知识交流型的企业文化，对隐性知识的交流与共享将产生不同的影响。

（3）高效的技术手段。知识管理在我国企业中的应用才起步不久，大多数企业还未建立以计算机等现代信息技术手段为基础的知识管理系统，较缺乏知识交流与共享的交互式开放技术平台。"知识地图"指引、电子讨论系统、"最佳实践"数据库、视频工具等先进技术手段的广泛应用，可以在一定程度上提升企业隐性知识交流与共享的范围和效果。

（4）合理的激励机制。每个企业都不可避免地扮演着"知识利己主义者"，它们掌握了一些特殊的技巧和经验，为了维护自己在联盟中的特殊地位而不愿意把自己拥有的隐性知识与其他企业交流。对隐性知识的拥有者而言，传授隐性知识不仅需要耗费时间和精力，也无形中增强了竞争对手的能力，给自己增加了威胁。因此，联盟中隐性知识的有效交流需要激励，一套完备的激励机制和合理的分配机制是促进知识交流的制度保证与动力，激励机制的激励强度愈大，愈有利于联盟内企业之间交流隐性知识。

6.3.3 联盟知识创造过程

竞争优势的根源在于持续创新，只要企业不断地进行创新，就可以获得竞争的优势。那么是什么东西使企业不断进行持续创新？野中郁次郎认为，是新知识的创造。知识创造的理论很简单，我们掌握的知识相当一部分已经变成数据库，变成公式，变成教科书，成为形式知识。但是大部分是一些无法表述的知识，尤其是那些技能性知识，即隐性知识。野中郁次郎理论核心在于，在企业里，显性知识与隐性知识进行互相转换，形成螺旋式上升，新的知识就会逐渐被创造出来。SECI模型不仅适用于单个企业的知识创造，亦适用于战略联盟合作下的企业之间的知识创造活动。通过各企业的内部知识创造及相互间的交流，知识在联盟成员之间得以流动，经过这个过程最后在整个联盟内部产生了新的知识体系。现对战略联盟的SECI模型中四个知识转化阶段作出分析。

6.3.3.1 M-SECI-S（联盟知识创造的社会化过程）

联盟知识创造的社会化过程是指战略联盟内部的员工在平时生活和工作工程中相互了解，彼此交流以掌握对方的思想和感觉，借此来促使个体之间彼此交换和分享其隐性知识。在战略联盟运作过程中，社会化是利用联盟企业间合作竞争的伙伴关系从而获取知识。不同企业的研发人员在一起工作、互相学习、观察、模仿和互相影响，使隐性知识在成员间发生转移，并最终为成员所共享。例如，联盟企业之间可以直接通过业务往来合作及企业文化的融合等方式来获得知识；员工经常在企业内部走动、视察，或是联盟企业间进行员工的交换，或是由于某一项目的建设需要而组建成的合作团队，借以获得隐性知识。社会化还包括隐性知识的扩散，将一个人现存的想法或意念直接传达或移转给他的同仁或部属，愿意让人分享他个人的知识，创造出一个共有知识转化的场所，如图6-6所示。

要促进联盟知识的社会化，成员企业首先要具备高质量的技术和研发经验，这样他们的模糊知识才能增长，丰富的模糊知识促进知识创造，同时成为产生高质量知识的动力。其次，必须在成员企业中培养爱心、关怀、信任等情感，这样他们才能超越自我，分享隐性知识。

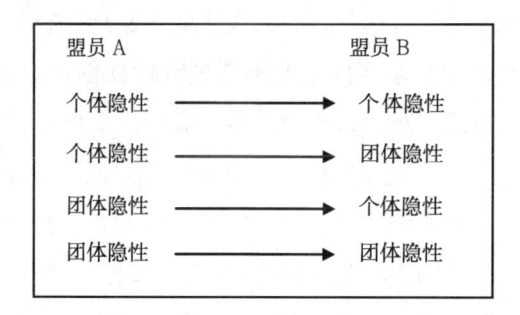

```
┌─────────────────────────────────┐
│   盟员 A              盟员 B     │
│                                 │
│  个体隐性  ─────────→  个体隐性  │
│                                 │
│  个体隐性  ─────────→  团体隐性  │
│                                 │
│  团体隐性  ─────────→  个体隐性  │
│                                 │
│  团体隐性  ─────────→  团体隐性  │
└─────────────────────────────────┘
```

图6-6 M-SECI-S：联盟知识创造的社会化过程

6.3.3.2 M-SECI-E（联盟知识创造的外化过程）

外化是指将隐性知识以让人能理解的形式表达出来。隐性知识还没有被清楚地表达出来之前，其背后的系统化原理也还没有为成员们所掌握，很难被有效地共享、交流和综合利用。隐性知识在元素间共享后，还需要经隐喻-类比-模型的思维方式被转化为显性知识，这一过程被称为外化。在组织活动中，掌握隐性知识的元素通过外化过程将隐性知识显性化，这样一来，明晰的显性知识就很容易与其他人一起共享，并且成为新知识的基础。如在新产品开发中，员工通过所掌握的隐性知识而创造出新产品、新工艺、新概念等就是外化模式创造新的显性知识的一个典型事例。外部化的另一个例子是设计流程手册、技术标准手册的制定过程,该过程是将人们在企业实践中摸索出来的研发经验和隐性知识显性化,从而使参与合作研发的每一位员工都能够更快地学习。

联盟知识创造的外化过程包括两个方面。①将隐性知识转化成显性知识,通过文字、概念、比喻性文字与图片等视觉教育器材等,以交谈或对话等方式,将联盟内个人的想法或观念清楚地表达给整个联盟中的成员。②将专家们高度个人化、专业化的隐性知识转变成可以理解的形式。这个过程涉及演绎和推论技巧,因而需善用创造性推论将隐性知识简单化、清晰化,便于让联盟中的所有成员理解和接受。

6.3.3.3　M-SECI-C(联盟知识创造的组合化过程)

联盟知识创造的组合化过程是指将显性知识转化成为更复杂、更多样的显性知识。在这个阶段的关键问题包括知识的传播、扩散过程与系统化。经历过外表化阶段所产生的新知识在进入组合阶段后得到了提升和超越,并在各联盟企业间进行有系统的相互交流及扩散。在组合过程中,从组织外部收集的显性知识以某种方式组合、编辑和处理后便形成新的显性知识。利用计算机通信网络、大规模的数据库可以促进这种组合过程,而且还会加速显性知识在组织内的传播。如将不同环节的技术资料整理成一项完整的技术文件;搜集各成员企业的显性信息,然后形成一个完整的技术手册等。

组合阶段包含下列三项程序:①从战略联盟内部或联盟外部搜集已公开的资料等外部化知识,然后整合成新的显性知识;②利用报告或开会等方式将这种新知识传播给联盟组织的成员;③将显性知识重新加以汇总和处理,使之变成战略联盟组织的计划、报告或市场资料,以方便今后使用。联盟成员在组合阶段经过磋商可达成共识或协议,以确定更具体的知识组合步骤或方法、方式。各成员通过学习和应用这些新知识和新概念,并将其真正消化吸收为自己掌握和理解的隐性知识,使自己的隐性知识系统得到拓宽、延伸和重构,完成了知识在元素间的扩散。

6.3.3.4 M-SECI-I（联盟知识创造的内化过程）

联盟知识创造的内化过程是个人吸收明晰知识并使其个人化为模糊知识的过程，即将显性知识隐性化。通过内在化，已创造的知识可由全组织分享，内在化了的知识可用来拓宽、延伸和重构组织成员的模糊知识。内在化通过学习和应用来完成：如产品概念、制造流程等显性知识必须在组织实践中转变为成员的隐性知识；而在组织培训中，成员通过阅读有关的手册、文件可以使显性知识转变为自己的隐性知识，或者说扩充了他们的隐性知识仓库。这一过程中，组织拥有的隐性知识得到增加，从而组织总的知识库储量增加了。个人不断积累的这种模糊知识，通过社会化与他人分享，才会引起知识创新的新一轮螺旋上升。

联盟企业首先必须要明确自己在联盟组织中所处的地位，然后从联盟的知识体系中寻找所需的相关知识，在实务上不断练习并逐渐接触到整个联盟组织的知识。内化包含下列两个层面：①将显性知识变成具体措施并且付之行动。换言之，在显性知识的内化过程中，针对策略、行动方案、创新或改善等方面制订出实际的构想或实施办法。例如，在联盟内部实施培训计划，可帮助研发人员了解整个战略联盟及其他企业研发的进展情况。②利用模拟或实验等方式，使研发人员在虚拟情况下来学习新观念或新方法。

6.3.4 联盟知识创新

1913年，美国学者艾米顿提出："所谓知识创新，是指为了企业的成功、国民经济的活力和社会进步，创造、演化、交换和应用新思想，使其转变成市场化的产品和服务。"[205]可以看出，艾米顿提出的知识创新内涵包含了知识创造和知识应用两个方面的内容。

创造的本质意义在于其活动必须具有新颖性。知识创新的本质特征是知识不仅具有一定的"新颖性"，而且还具有其经济上的"应用价值性"。从知识创造与知识创新的本质特征中可以发现，两者共同之处是都具有知识的"新颖性"。不同之处主要表现在：知识创新除了强调知识的"新颖性"外，它更强调知识所产生的市场价值和经济效益，即知识创新所具有的知识的"应用价值性"。知识创造注重的是新知识的产生，而知识创新注重的是新知识的实际应用，经过知识创造产生的新知识具有了实际应用价值，才是真正的知识创新，联盟知识创新的过程如图6-7所示。

知识创新是企业技术学习的最终目的，它既是不同知识过程相互作用的结果，也贯穿了知识螺旋的所有阶段。组织学习是知识创新和知识创造的基础与前提，知识创新反过来又推动组织学习的发生。

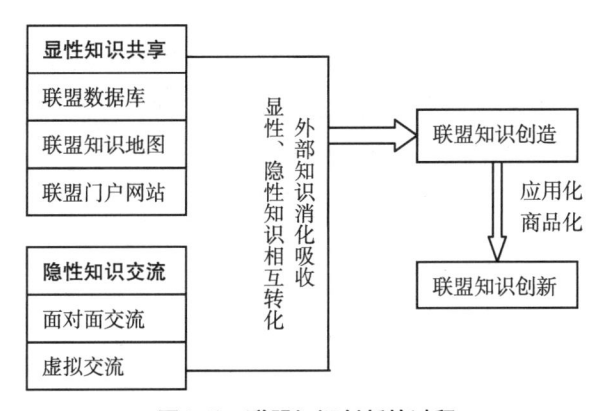

图6-7 联盟知识创新的过程

6.4 M-SECI粗集过程模型

6.4.1 M-SECI粗集过程理论

6.4.1.1 知识共享

知识共享的过程是知识累积的过程，在该过程中，只是存在知识的传递。假设有 m 个企业，其中企业 M_i 的知识库为 $K_i=(U,R_i)$，其中 R_i 表示企业 M_i 在 U 领域上的知识。那么在知识共享条件下，企业 M_i 之间将能便捷地相互查阅彼此的知识库，从而形成共享知识库 $K=(U,R)$，其中，

$$R = \{R_1, R_1, \cdots, R_m\} \tag{6-1}$$

对于企业 M_i，知识 R_i 对领域 U 的认识为：

$$U/\text{ind}(R_i) \tag{6-2}$$

那么基于共享知识 R 对领域 U 的认识为：

$$U/\text{ind}(R) = U/\text{ind}\{R_1, R_2, \cdots, R_m\} \tag{6-3}$$

6.4.1.2 知识交流

知识交流的过程是在知识传递的基础之上实现知识的选择的过程。一般而言，企业会选择并接受与自身认识相近的知识。基于此，企业之间在进行知识交流时，有一个知识依赖性判断的过程，基于判断的结果，选择并接受知识依赖度大的知识。对于企业 M_i 和 M_j，它们的知识库为 $K_i=(U,R_i)$ 和 $K_j=(U,R_j)$。那么对于论域 U，它们的知识分别为 R_i 和 R_j，两者的依赖度（知识 R_j 对知识 R_i 的依赖度）可表示为：

令 $K=(U,R)$ 为一个知识库，且 $R_i, R_j \subseteq R$，当

$$k_{ij} = \gamma_{R_i}(R_j) = \left| \text{pos}_{R_i}(R_j) \right| / |U| \tag{6-4}$$

时，称知识 R_j 是 $k_{ij} (0 \leq k \leq 1)$ 度依赖于知识 R_i 的。

对于联盟内的任何企业而言，其通过知识交流能识别联盟内所有知识及其与自己原有知识的依赖度，以知识依赖度的认识为基础形成新的知识库。对于企业 M_i 而言，其他企业的知识与其知识的依赖度为：$k_{ij} (j=1,2,\cdots,m)$。

显然，$k_{ij}(i=j) = 1$

基于知识的依赖度认识，可形成知识依赖度矩阵 $R_i^\gamma = \{k_{i1}, k_{i2}, \cdots, k_{im}\}$。于是，企业 M_i 的知识库将发生变化，变化之后的知识库可表示为：$K_i = (U, R, R_i^\gamma)$。

显然，在知识交流过程中，与企业自身原有知识依赖度低的知识将被淘汰或在知识使用时不予重用。

6.4.1.3 知识创造

知识创造的过程是知识应用并形成新知识的过程。在该过程中，知识

得以通过逻辑关系实现知识拓展，这是因为当使用知识时，当某类知识适合于某类问题时，该知识就与问题之间形成了对应逻辑联系，这种联系就是新知识。对于企业 M_i 而言，其将知识 $\{R,R_i^\gamma\}$ 应用于 U，于是形成了 $S_i=(U,A_i,V_i,f_i)$ 决策表。在该决策表中，属性集 A_i 包括条件属性集 C_i 和决策属性集 D_i，即 $A_i=C_i\bigcup D_i$，$C_i\bigcap D_i=\Phi$，其中 $C_i\subseteq\{R_i,R_i^\gamma\}$。为此，决策表 $S_i=(U,A_i,V_i,f_i)$ 表示的决策问题实质是基于知识库 $K_i=(U,R,R_i^\gamma)$ 对决策属性集 D_i 进行分类，以供决策。

通过决策表 $S_i=(U,A_i,V_i,f_i)$ 的简约，可以删除一些不必要或非关键的知识，并识别出一些决策规则，这些决策规则即创造的新知识。同时，在决策表简约过程中，可以确定对于决策属性 D_i，知识 $R=\{R_1,R_2,\cdots,R_m\}$ 中各知识 $R_j(j=1,2,\cdots,m)$ 的重要性。

$$\sigma_{RD_i}(R_j)=\gamma_R(D_i)-\gamma_{R-R_j}(D_i) \tag{6-5}$$

显然，σ_{RD_i} 还表示在决策属性（问题）D_i 上，企业 M_j 的知识 R_j 对于解决问题的重要性。当 $\sigma_{RD_i}=0$ 时，即 $\gamma_R(D_i)-\gamma_{R-R_j}(D_i)$，那么在决策属性（问题）$D_i$ 上，企业 M_j 的知识 R_j 的对于解决其没有作用。基于知识 $R_j=(j=1,2,\cdots,m)$ 对决策属性（问题）D_i 的重要性，可形成重要性矩阵 $R_{ij}^\lambda=\left(D_j,\{\sigma_{RD_i}(R_1),\sigma_{RD_i}(R_2),\cdots,\sigma_{RD_i}(R_m)\}\right)$，于是创新之后的知识库可表示为：$K_i=(U,R,R_i^\gamma,R_{ij}^\lambda)$

其中 R_i^γ 表示 R 中知识的依赖度；R_{ij}^λ 表示 R 中知识对 D_i 的重要度。在获取 R_{ij}^λ 之后，在未来判定决策属性（问题）D_i 时，将直接关注重要度较大的知识及其判定结果。

6.4.1.4　知识集成

在知识创造过程中，常常面临某类问题不是某单一知识可以判定的，那么识别出这种知识的联系即是知识集成。对于任意决策表 $S_i=(U,A_i,V_i,f_i)$ 而言，其都可以简化出一些相应的决策规则，往往这些决策规则包含了多类知识，对这些知识类的识别、挖掘就是知识集成。

6.4.2 M-SECI粗集过程模型实例

某联盟有三家企业M_1、M_2、M_3，它们在论域U上的知识分别为R_1、R_2、R_3，即它们的知识库分别为$K_1=(U,R_1)$、$K_2=(U,R_2)$和$K_3=(U,R_3)$，基于它们的知识，对问题U的认识分别为：

$$U/R_1 = \{\{x_1,x_3,x_4,x_5,x_6,x_7\},\{x_2,x_8\}\}$$

$$U/R_2 = \{\{x_1,x_3,x_4,x_5\},\{x_2,x_6,x_7,x_8\}\}$$

$$U/R_3 = \{\{x_1,x_5,x_6\},\{x_2,x_7,x_8\}\{x_3,x_4\}\}$$

三家企业M_1、M_2、M_3在问题U上，实现知识共享之后，任意企业在问题U上都有三种知识R_1、R_2、R_3，从而形成群体知识$R=\{R_1,R_2,R_3\}$。对于任意企业而言，基于群体知识$R=\{R_1,R_2,R_3\}$，对问题U的认识为：

$$U/\text{ind}(P) = U/\text{ind}(\{R_1,R_2,R_3\}) = \{\{x_1,x_5\},\{x_3,x_4\},\{x_2,x_8\},\{x_6\},\{x_7\}\}$$

对于企业M_1而言，其知识与其他知识的依赖度为：

$$\text{pos}_{R_2}(R_1) = \{x_1,x_3,x_4,x_5\} \quad \gamma_{R_2}(R_1) = 4/8 = 0.5$$

$$\text{pos}_{R_3}(R_1) = \{x_1,x_3,x_4,x_5,x_6\} \quad \gamma_{R_3}(R_1) = 5/8 = 0.625$$

所以，通过知识交流之后，企业M_1的交流知识库可表示为：$K_i = (U, R_i, R_i^\gamma)$

其中$R_i^\gamma = \{1, 0.5, 0.625\}$

显然，企业M_1可判定知识R_3与自己的原有知识依赖性较大，优先吸收知识R_3。于是在知识应用时，将除了使用自身原有知识之外，该企业将优先使用知识R_3。

基于企业M_1、M_2、M_3在问题U上的知识分别为R_1、R_2、R_3，对某决策属性D_j进行判断，得决策表（见表6-7）。

表6-7 企业 M_1、M_2、M_3 在问题 U 上的决策表

U	条件属性			决策属性
	R_1	R_2	R_3	D_j
x_1	1	1	1	0
x_2	2	2	2	1
x_3	1	1	3	1
x_4	1	1	3	1
x_5	1	1	1	0
x_6	1	2	1	1
x_7	1	2	2	1
x_8	2	2	2	0

基于公式(6-5)可知，在决策属性 D_j 的判断上，企业 M_1、M_2、M_3 的知识 R_1、R_2、R_3 的重要性为：

$$\sigma_{RD_j}(R_1) = \gamma_R(D_j) - \gamma_{R-R_1}(D_j) = 6/8 - 5/8 = 1/8$$

$$\sigma_{RD_j}(R_2) = \gamma_R(D_j) - \gamma_{R-R_2}(D_j) = 6/8 - 3/8 = 3/8$$

$$\sigma_{RD_j}(R_3) = \gamma_R(D_j) - \gamma_{R-R_3}(D_j) = 6/8 - 2/8 = 4/8$$

于是，在决策属性 D_j 的判断上，知识的重要性矩阵为 $R_{ij}^\lambda = (D_j, \{1/8, 3/8, 1/2\})$。所以，在决策属性 D_j 判断时，企业 M_1 发掘知识 $K_3 = (U, R_3)$ 更适宜于决策属性 D_j 的判断，于是知识创造得出如下规律：知识 $K_3 = (U, R_3)$ 更适宜于决策属性 D_j 的判断，这就是一个新创知识点。于是创新知识库可表示为 $K_i = (U, R, R_i^\gamma, R_{ij}^\lambda)$。

针对表6-7所示的决策问题，经过简约之后，识别出简约属性集为：$R_j^* = (R_1, R_2, R_3)$，由此可见，在决策属性 D_j 判断上，依赖于知识 R_1、R_2、R_3 的共同决策，即需要集成知识 R_1、R_2、R_3 才能实现准确的决策属性 D_j 判断。简约之后的判断结果如表6-8所示。

表6-8 决策规则

记录号	条件	结果	可信度	支持度
1,5	$R_1=1, R_2=1, R_3=1$	$D=0$	100.00%	25.00%
3	$R_1=1, R_2=1, R_3=3$	$D=1$	50.00%	12.50%
4	$R_1=1, R_2=1, R_3=3$	$D=0$	50.00%	12.50%
6,7	$R_1=1, R_2=2$	$D=1$	100.00%	25.00%
2	$R_1=2$	$D=1$	50.00%	12.50%
8	$R_1=2$	$D=0$	50.00%	12.50%

6.5 本章小结

在野中郁次郎教授SECI模型的基础上提出企业研发联盟技术学习中多企业间知识学习的M-SECI模型；对M-SECI模型的四要素知识共享（Knowledge Sharing）、知识交流（Knowledge Exchange）、知识创造（Knowledge Creation）、知识集成与创新（Knowledge Integration & Innovation）进行解析；建立M-SECI的粗集过程模型，并作实例分析。

第7章 中国企业研发联盟技术学习的实证分析

7.1 宏观概况

作者查阅了联合国贸易和发展会议（UNCTAD）网站、中华人民共和国国家统计局网站、中国企业战略联盟报告（刘彦龙，2008）等资料，对其中与研发联盟相关的数据进行了归纳和整理，可以从以下分析中看出研发联盟的宏观现状和发展趋势。

7.1.1 研发联盟重要地位凸显

自20世纪80年代以来，研发成为跨国公司核心功能与创新源泉，研发联盟也随之被提升到极高的战略地位。通过研发联盟加强科学研究，实现技术改进和技术发明已成为跨国公司提高竞争力的重要手段。随着中国融入全球经济，联盟在中国也逐渐发展起来。

1990—1999年，在亚洲企业战略联盟中，制造生产类联盟占34%，市场营销类联盟占22%，研发联盟占17%（见图7-1）。亚洲战略联盟的迅猛发展反映出了中国、韩国和其他亚洲国家企业联盟数目的增加。同时可以看到，这一时期北美研发联盟占62%。北美是广泛的技术和研究基地，所以以技术为动机的联盟很多。亚洲是世界制造业中心，所以生产制造类联盟所占比重大。

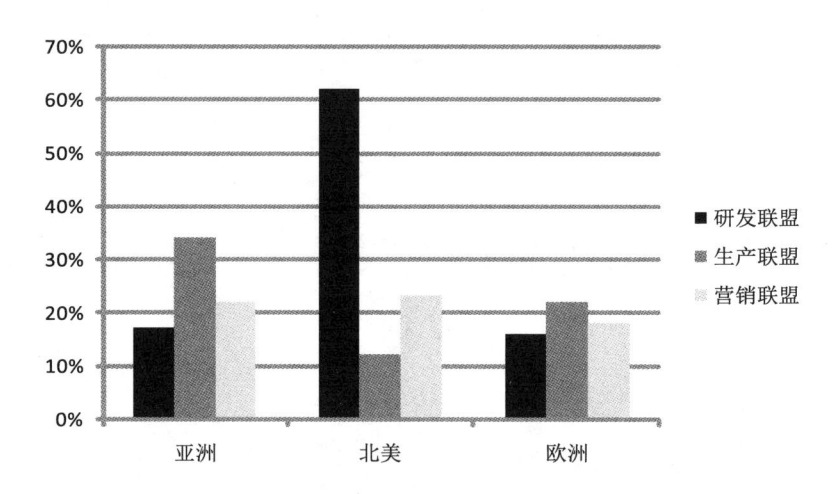

图7-1 北美、欧洲、亚洲企业联盟分布（1990—1999年）

科技实力薄弱是亚洲各国经济落后的主要原因之一，要突破中国长期作为全球制造业基地的状况，发展研发联盟是一条有效的途径。中华人民共和国国家统计局网站的数据显示，2004—2006年，中国规模以上工业企业中，62.2%有R&D活动，16.7%有持续R&D活动；8.8%有申请专利，22.6%申请过版权登记，8.3%已形成国家或行业技术标准，20.7%对技术秘密进行内部保护，34.8%拥有自主品牌。

7.1.2 研发联盟成为我国企业研发战略重要组成部分

从表7-1和表7-2可以看出，合作研发已经成为我国不同规模、不同地区企业研发活动的重要组成部分。除完全企业自主研发和仅是集团内部自主研发以外，与其他企业、科研院所、高校、国外有关机构的合作研发构成了企业最重要的创新活动方式。

表7-1 不同规模企业创新活动研发主体构成比例情况（2004—2006年） 单位：%

企业规模	创新活动类型	企业自主研发	企业集团研发	与其他企业合作研发	与科研院所合作研发	与高校合作研发	与国外有关机构合作研发	其他
大型	产品创新	64.2	15.0	3.7	8.5	3.9	2.2	2.5
	工艺创新	55.1	13.4	8.4	11.4	5.3	1.5	4.8
中型	产品创新	71.1	8.6	5.4	5.0	3.6	1.7	4.6
	工艺创新	62.4	7.8	9.8	5.2	3.3	1.4	10.1
小型	产品创新	72.3	3.0	8.1	4.6	3.7	1.1	7.1
	工艺创新	67.1	2.8	9.1	4.2	2.4	1.4	13.0

从表7-1来看，大型企业与高校、科研院所合作研发比与其他企业合作研发多，中小型企业与其他企业间的合作研发比与高校、科研院所多。这是因为大型企业技术上在同行业往往已处于较高水平，对基础研究和复杂技术研究的需求会比较大，高校和科研院所正好在这些方面具有一定优势；中小型企业的研发往往是应用型研究，可以从同业优势企业那里获得技术源。

表7-2 不同地区企业创新活动研发主体构成比例情况（2004—2006年） 单位：%

地区	创新活动类型	企业自主研发	企业集团研发	与其他企业合作研发	与科研院所合作研发	与高校合作研发	与国外有关机构合作研发	其他
东部	产品创新	73.1	4.6	7.2	3.6	3.9	1.5	6.2
	工艺创新	68.3	4.4	8.3	4.2	2.8	1.8	10.2
中部	产品创新	67.6	3.9	8.6	9.2	3.3	0.7	6.7
	工艺创新	59.7	2.8	11.5	5.2	2.4	0.6	17.8
西部	产品创新	70.6	4.5	7.5	6.2	2.9	0.5	7.8
	工艺创新	60.4	4.6	11.4	5.9	2.2	0.3	15.2

从表7-2来看，东部企业与其他企业间的合作研发比与高校、科研院所多，这是因为东部实力强大的企业比较多，所以更容易实现企业间的强强联合。东部经济发达地区跨国研发走在前列，东部企业与国外有关机构合作研发已初现端倪，但中西部地区还比较鲜见，说明经济发展有助于研发活动的开展和科技的发展，东部经济发达地区的企业有更强的实力和更多的机会参与跨国研发联盟。

7.1.3 合作伙伴成为企业创新的重要技术信息来源

2004—2006年统计数据显示，在有创新活动的我国规模以上工业企业中，21.6%都认为来自设备、原材料、中间产品供应企业的信息对本企业创新影响程度高，12.4%认为来自研究机构的信息对本企业创新影响程度高，8.9%认为来自高校的信息对本企业创新影响程度高，14.7%认为来自行业协会的信息对本企业创新影响程度高，17.0%认为来自技术市场或咨询机构的信息对本企业创新影响程度高，29.8%认为来自本行业其他企业信息对本企业创新影响程度高（见图7-2）。可见，高校、科研机构、本行业其他企业、上下游产业链紧密联系的企业、技术咨询机构都成为影响着企业创新技术信息的重要来源，而它们也往往会成为企业研发联盟的对象和技术合作的战略伙伴。

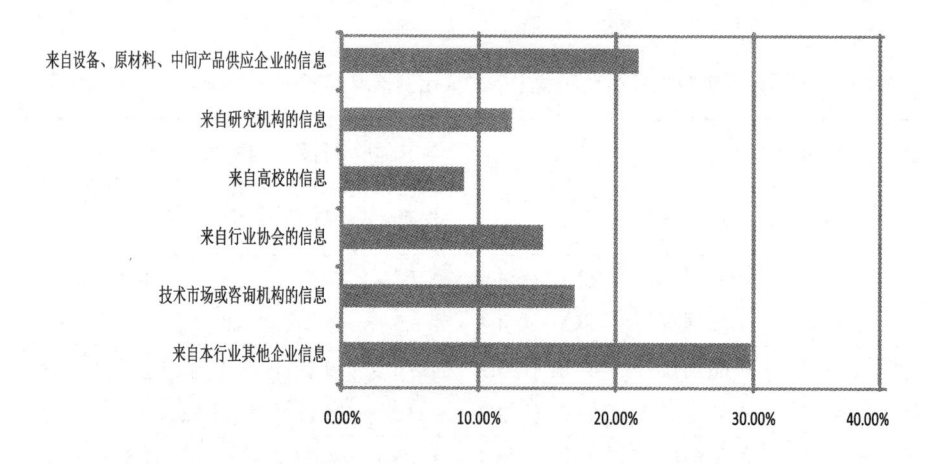

图7-2 某种信息来源对创新影响程度为"高"的企业占有创新活动企业数的比重
（2004—2006年）

7.1.4 可靠的合作伙伴成为创新成功的重要因素

2004—2006年统计数据显示，在有产品或工艺创新的我国规模以上工业企业中，30.2%认为可靠的创新合作伙伴或计划对创新成功有高度影响，40.0%认为畅通的信息渠道对创新成功有高度影响，44.6%认为有效的技术战略对创新成功有高度影响，57.0%认为高素质的技术人才对创新成功有高度影响（见图7-3）。由此可以推断，可靠的创新合作伙伴、周密的伙伴挑选计划、联盟伙伴间高度共享的信息渠道、正确的技术学习手段、从研发联盟伙伴处获得的互补性技术人才大大有助于提高企业创新的成功率。

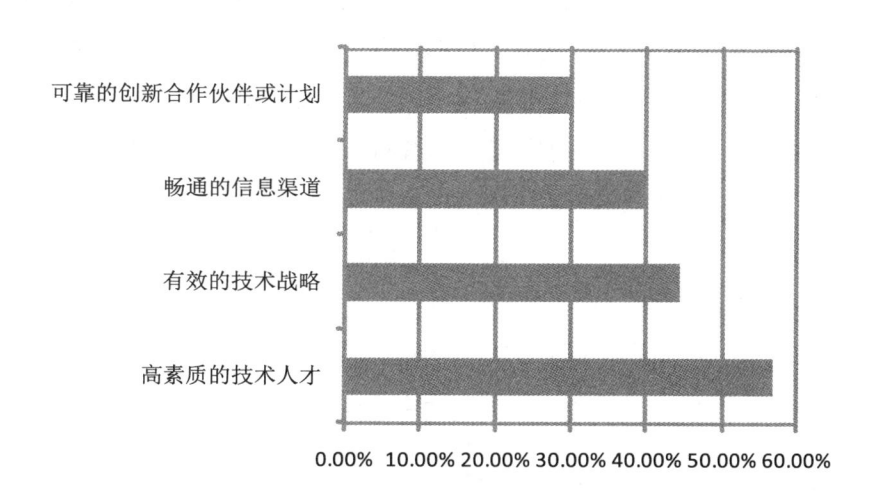

图7-3 某种因素对创新成功影响程度为"高"的企业占产品或工艺创新企业数的比重（2004—2006年）

7.1.5 我国企业技术战略定位及技术学习投入

2006年对我国未来将采取技术战略的企业的调查表明，大型、中型、小型企业未来将采取技术战略的比重分别为96.1%、91.1%、82.6%，东部、中部、西部地区未来将采取技术战略的企业的比重分别为83.5%、84.0%、83.0%（数据来源：中华人民共和国国家统计局网站）。可以看出，绝大多数企业对技术的重视已经提到战略高度。企业的技术战略定位分别表现为在企业所涉及的产品领域中保持创新领先地位、赶超国际同行业创新领先企业、赶超国内同行业创新领先企业、增加研发投入提升创新实力、保持现有的技术水平和生产经营状况。

就R&D投入水平而言，每年我国研发投入都在不断增长，但就比重来看，目前还远远低于发达国家水平，且存在投入结构不合理的现象。可喜的是，我国已经出现像华为这样坚持以不少于销售收入10%的费用和43%员工投入研究开发的企业。我国工业企业研发投入分布如图7-4所示。数据显示，过去我国把大量的研发经费用于引进国外技术，而消化吸收投入却严重不足，我国企业用于技术引进与消化吸收的投入之比是1∶0.078，而日本的这一比例则为1∶5，这就是为什么日本仅用15~20年就走完了欧美主要发达国家半个世纪所经历的过程，而我国却苦于长期无法彻底改变技术落后的状况。自2003年开始，市场换技术的失败使得国内企业纷纷转向国内寻找技术来源和合作伙伴，引进国外技术的支出有所下降，购买国内技术和消化吸收经费支出稳步增长。

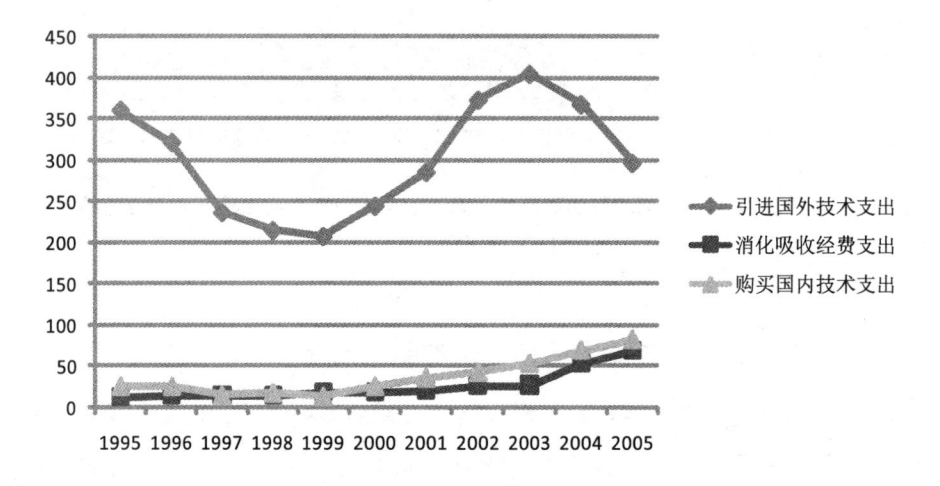

图7-4　企业技术获取情况（1995—2005年）（单位：亿元）

7.2 群体案例分析

7.2.1 案例库构建

为了进一步了解我国企业研发联盟技术学习的实践表现和规律，作者从各种公共信息渠道，包括期刊文献、杂志、报纸、广播、电视、相关专业书籍、因特网等搜集到近200个实例，组建了中国企业研发联盟技术学习的案例库（见附录一）。由于一些中外合资类型的联盟其主要目的也在于技术学习，也涉及合作研发，所以作者将这部分案例也都搜集了进来，将其归为合资研发。中国企业通过联盟实现技术学习最先发生在汽车业、家电业，后来进一步扩散到钢铁、化工、机械、纺织服装、电子信息等行业。从最开始引进生产线、对生产技术的学习到如今对前沿科学技术的共同研发、对产业标准的共同制定、对管理技术和经验的学习，中国企业通过联盟技术学习提升技术能力的理念和方法正得到不断提升。200来个案例虽然不能囊括中国企业研发联盟技术学习的全部，但案例涉及各个行业、涉及不同的学习模式，可以从中发现中国企业研发联盟技术学习的基本特征和发展规律。

7.2.2 案例库分析

案例库分析可以从发展阶段、模式分布、国内联盟与跨国联盟比较、典型行业典型特点等方面来探讨中国企业研发联盟技术学习的特点和规律。

7.2.2.1 发展阶段

从1979年德国大众在中国开办了第一家合资经营企业——上海大众汽车公司以来，中国开始了通过联盟获取技术学习途径的历程。30年来，联盟形式和技术学习形式不断从低级向高级发展，可以分为四个阶段（见表7-3）。

表7-3 中国企业研发联盟技术学习的演变

年代	新出现的联盟行业	新出现的联盟形式	技术学习领域	典型代表
197年—20世纪90年代中期	汽车	中外合资	学习外方先进生产制造技术，生产线引进	上海大众、北京吉普、上海通用
20世纪90年代中后期—2001年	家电	合资为主，技术引进协议、技术许可证转让、技术合作协议等非股权合作形式出现	学习外方先进的制造技术和生产管理经验	海尔、小天鹅
2001—2003年	电子信息	共建实验室、共建研发中心、产业联盟等形式出现	研发环节的合作，产品创新方面的技术学习	联想、华为
2003年以来	钢铁、能源、机械等	国内联盟大量增多；产学研联盟涌现；标准联盟、专利联盟、跨行业联盟、联盟与联盟之间的联盟开始出现	技术前后向联系、复杂技术开发；互补合作型向竞争合作型转变	宝钢；Linux产业联盟

第一阶段：1979年—20世纪90年代中期

这一阶段的联盟主要集中在汽车行业，多为中外共建合资企业的形式，引进生产线和生产技术设备、学习外方先进的生产制造技术，以工艺方面的技术学习为主。

第二阶段：20世纪90年代中后期—2001年中国加入WTO前

中外联盟在汽车行业增多,在家电行业开始出现。汽车行业的联盟和技术学习不断向深层次发展,在新出现的家电行业中,中方企业仍旧从学习外方先进的制造技术和生产管理经验开始。以海尔、小天鹅为代表的家电企业通过引进国外生产线,不断推出新产品。在合资形式之外,技术引进协议、技术许可证转让、技术合作协议等非股权合作形式开始出现。

第三阶段:2001年中国加入WTO后—2003年

电子信息业的联盟开始出现并增多,国内电子巨头之间的产业联盟开始出现,共建实验室、共建研发中心等技术合作形式开始出现。汽车、家电行业中外联盟的学习重心继续向产品价值链的上端攀升,中方企业开始致力于在研发环节与外方合作,从以工艺为主的技术学习向以产品创新为目的的技术学习转变。

第四阶段:2003年以来

联盟进一步扩散到电子信息、钢铁、能源、机械等行业,国内联盟和产学研战略联盟开始大量涌现。一些较高层次的联盟,如标准联盟、专利联盟、跨行业联盟、联盟与联盟之间的联盟等也开始大量出现。标准联盟如国产EVD联盟、专利联盟如AVS专利池、联盟与联盟之间的联盟如2006年e家佳联盟与WAPI联盟之间的联盟等。技术互补型合作向竞争型合作转变,联盟开始呈现多元化、多领域的格局。

7.2.2.2 模式分布

对案例库中的案例作一简单的统计分析,可以发现联盟模式的分布如图7-5所示。技术合作协议是最常见的形式(在此把技术引进协议、许可证交换协议、长期战略合作协议都归为基数合作协议),所占比重约为45%。技术合作协议也是近年增长最快的技术联盟形式。这是因为协议形式、契约形式的联盟灵活性较大,进入和退出壁垒较低,而且对技术学习内容的界限容易划清,可以避免不愿共享的知识的泄露。以合资为形式的技术学习在联盟发展初期、在汽车行业、在需要引进生产制造技术的时候比较常见。但与外国企业合资长期处于从属和边缘地位,使得很多企业开展认识到合资不一定就能掌握核心技术。随着联盟在中国的发展和日趋成熟,产学研合作共建重点实验室、共建研究中心等研发联盟形式开始涌现，国内企业认识到与国内其他企业强强联合、与高校科研机构合作才是自主创新的出路，才能从根本上提高我国企业技术学习的效率。

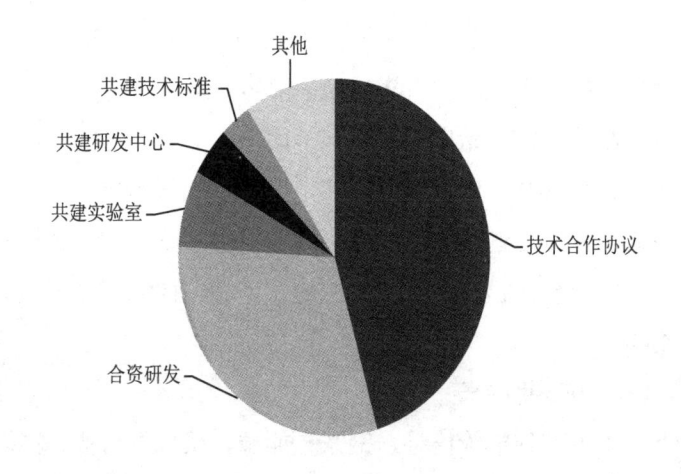

图7-5 案例库中联盟模式分布

采取何种联盟形式，应着眼于企业长远战略，应根据企业的发展实际与发展目标和合作伙伴的情况来共同决定。例如，新产品的引进可以采取合资形式，某一项核心技术的攻克可以采取技术协议的形式，在某一方面拥有自主知识产权的企业则可以采取技术许可的形式。

7.2.2.3 强强联合成主流

搜集的案例绝大多数都是行业巨头之间、或者与知名高校科研机构间的联盟，有实力的企业走在联盟创新的前列。强强联合主要表现为三个方面：一是同行业强势企业为促进产业链技术创新而组建的联盟，如由钢铁研究总院、宝钢等10家单位组成的钢铁可循环流程技术创新战略联盟；二是同行业巨头围绕产业新兴技术及标准的研发与应用开展的联盟，如由大唐电信、华为、联想、中兴等30多家单位组成的TD-SCDMA联盟；三是跨行业、跨领域技术强势主体的集成创新，如由一汽、东风、吉利、奇瑞、长安五家汽车企业，中国汽车工程研究院等四家研究机构，宝山钢铁，西南铝业等原材料生产商及中国汽车工程学会等共12家单位共同发起的汽车轻量化技术创新战略联盟，又如钢铁巨头与汽车巨头在汽车用钢方面的联盟。强强联合有效地实现了1+1＞2的共赢局面，但前二者都属于竞合联盟，对于竞合关系的联盟，若技术保护防备大于技术的贡献分享，则会陷入"强强不合"的恶性循环，最终导致联盟失败。因此，在竞合关系的强强联盟中，技术学习能力强的企业往往能获益更多。

7.2.2.4 国内联盟与国际联盟并行发展

从已搜集的案例可以看出，近年来国内联盟与跨国联盟呈现并行发展的趋势，在汽车、家电、能源行业，跨国联盟较多，在电子信息等行业，国内联盟占主导。中国企业研发联盟和跨国公司主导的研发联盟组建前提、运行模式等有着本质的不同（见表7-4），因此对完全由国内本土单位组建的联盟和有跨国公司参与的联盟应结合实际情况采取不同的技术学习方式和策略。

跨国公司在华研发越来越呈现如下趋势：注重在中国的长期战略——研发本土化；由合资向独资转变，设立"独资与合资研究开发中心"；由参股向控股转变，控制关键技术，如在汽车行业，控股"发动机"合资企业；跨国在华研发机构更倾向于与国内大学和科研院所开展技术合作，而不是国内企业。中国企业应该明确这些严峻形势，采取相应的应对手段。例如，在外方通过多次谈判在中国寻找合作伙伴时，备选企业应从国家宏观大局出发，避免相互压价而出现"鹬蚌相争、渔翁得利"的局面。

表7-4 中国企业研发联盟与跨国公司研发联盟基本情况对比

项目	中国企业研发联盟	跨国公司的研发联盟
联盟动因	一部分企业是出于自身的发展需要结盟，一部分是政府主导的行为	是一种在企业自主的前提下，自发产生的一种合作行为
联盟内容	国内新兴产业技术标准制定、加入国际标准、产学研联盟、产业技术创新链上的联盟；中外联盟多是外围技术的合作，中方无法得到核心技术	在技术资源互补、研究开发、供求技术衔接上的合作、世界行业标准；在中国的联盟主要是本土化研发（市场进入）、利用本土优秀人才和先进的研究成

续表

项目	中国企业研发联盟	跨国公司的研发联盟
伙伴选择	内向联盟居多；主要是针对中国市场合作，可选择的跨国合作伙伴有限	以外向联盟为主；在全球范围内合作，各个国家与地区之间相互协调
技术合作领域	一般设计单个产品或某一特定方面的技术	可同时涉及多个产品多个领域的合作
联盟规模	双边联盟或简单多边联盟多	多以联盟网络形式出现

7.2.2.5 各主要行业典型特点

汽车行业：以股权式联盟（生产合资企业）为主，以契约式联盟为辅；以跨国合作伙伴为主，以国内合作伙伴为辅；以整车与整车联盟为主，以整车与零部件联盟为辅；以学习生产制造类技术为主。

家电行业：基于研发平台的技术学习较多，如共建实验室、共建研发中心、成立联合研究机构等；由最初的从国外引进生产线发展成为提升产品品质而开展的合作。

电子信息行业：发展迅速；以成立联合实验室、签署技术合作协议、共同制定行业技术标准为主要方式。

钢铁行业：主要是与下游用钢企业开展共同研发，跨行业前后向产业链联盟较多，如汽车用钢、家电用钢方面与汽车企业、家电企业的技术合作；注重与高校的合作，如宝钢与上海交通大学建立"宝钢-交大汽车板使用技术联合研究室"并签署人才培养合作协议。

7.2.3 典型企业典型模式

7.2.3.1 华为——技术学习"三部曲"

深圳华为技术有限公司（简称华为）是全球领先的电信解决方案供应商，长期从事通信产品的研究与开发，涉及交换、接入、传输、移动通信、智能网等主要通信领域。华为在全球设立了包括印度、美国、瑞典、俄罗斯及中国的北京、上海、南京等多个研究所，员工中有48%从事研发工作。华为专注于与运营商建立长期合作伙伴关系。

经过多年的技术学习与技术积累，华为已成为国内创新能力最强的企业，并且已连续数年成为中国申请专利最多的单位。截至2008年年底，华为已累计申请专利超过35773件，连续数年成为中国申请专利最多的单位，PCT国际专利申请数居全球第一。这些技术成果的取得与华为长期坚持与国内外强大伙伴的技术合作及合作中高效的技术学习密不可分。如华为与TI、摩托罗拉、IBM、英特尔、Agere、ALTERA、SUN、微软、NEC等世界一流企业成立联合实验室，与NEC、松下、赛门铁克（Symentec）、摩托罗拉、西门子等合资成立研发公司，与爱立信、诺基亚、诺西、思科等签订专利许可协议和交叉授权协议（见图7-6）。合资成立研发公司、共建联合实验室、专利交叉许可是华为公司研发联盟技术学习的主要方式，可以合称为华为研发联盟技术学习的"三部曲"。

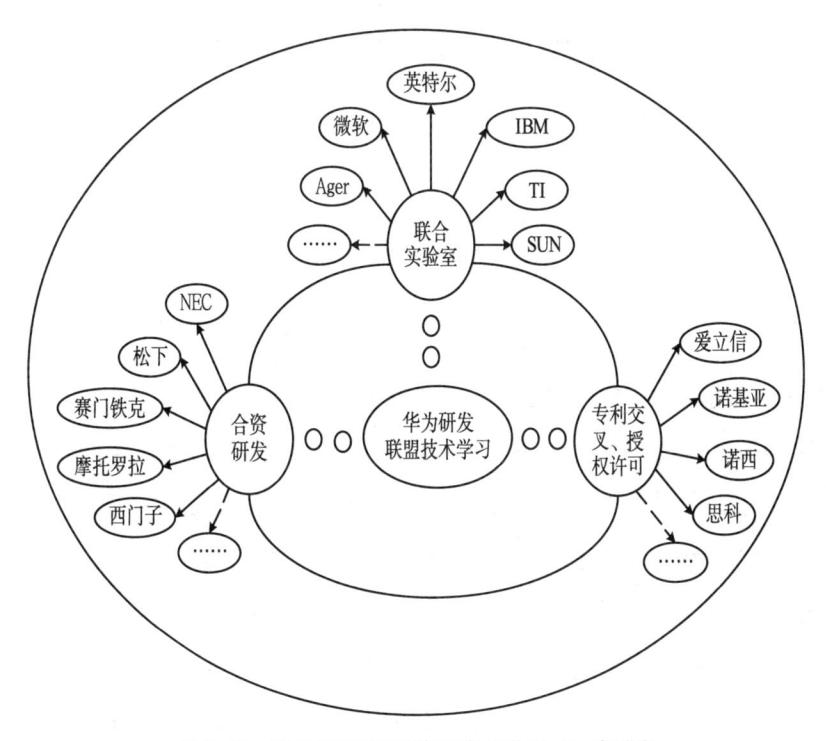

图7-6 华为公司研发联盟技术学习"三部曲"

华为最初是做程控交换机，以程控交换机为例，在与国内外技术优势企业合作的过程中，华为的技术学习经历了七个阶段：产品反求吸收扩散、整机架构设计、引进生产设备和整机装配测试、外围零部件设计、整机架构改进软件开发、核心零部件设计、多样化产品开发，如图7-7所示。

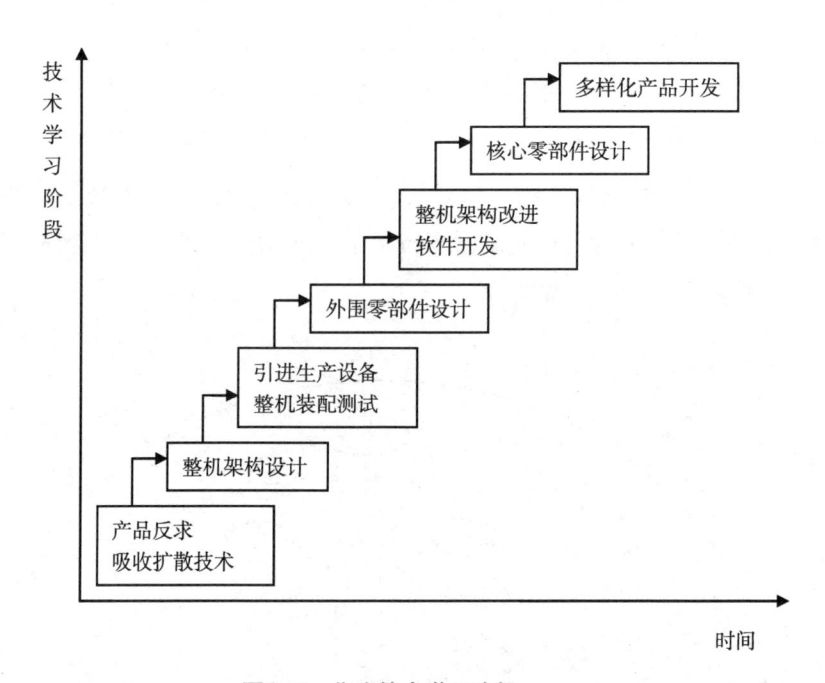

图7-7　华为技术学习路径

7.2.3.2　海尔——先产品后工艺、先拓新后挖潜的技术学习方式

作为民族品牌的代表，海尔在研发与技术创新方面走在国内企业的前列。从引进技术到合作研发、自主研发，海尔目前已经建立起强大的研发体系。海尔平均每个工作日开发一个新产品，每天申报两项专利。2009年海尔集团就已拥有各项专利1800多项，是中国申报专利最多的企业之一。

海尔集团的最初发展就是从与德国利勃海尔的技术联盟开始的，通过引进德国利勃海尔在冰箱生产方面的先进技术，海尔冰箱在中国市场中也确立了自己的优势地位。之后，海尔通过一系列与家电巨头的合作在不同家电产品领域增强了自己的技术实力：与三菱重工的合作使海尔集团在空调生产方面获取了先进的技术；与三洋的技术合作使海尔集团在洗衣机防缠绕方面获取了先进的技术；与飞利浦的技术合作使海尔集团在手机等电子产品上的生产能力得到提升；与爱立信的技术合作使海尔集团在家电蓝牙技术方面取得进步；与LG的技术合作使海尔集团在数字电视领域取得技术进步。

在成功地引进了一系列新产品之后，海尔开始着力于自主研发体系的构建。海尔认识到从国内高校和科研机构获取知识的重要性，先后与20多所高校和若干所科研机构建立了技术合作关系，主要包括：与国家新闻出版广电总局广播科学院合力组建新公司、与复旦大学联合建立博士后科研工作站、与北京航空航天大学和美国C-MOLD公司合资组建北航海尔软件有限公司、与上海交大联合成立C3P联合研究室、与浙江大学合作建立"创新管理与持续竞争力"联合研究中心等（图7-8）。海尔通过与这些大学和科研机构的联盟开展产品优化、质量改进等方面的研究。

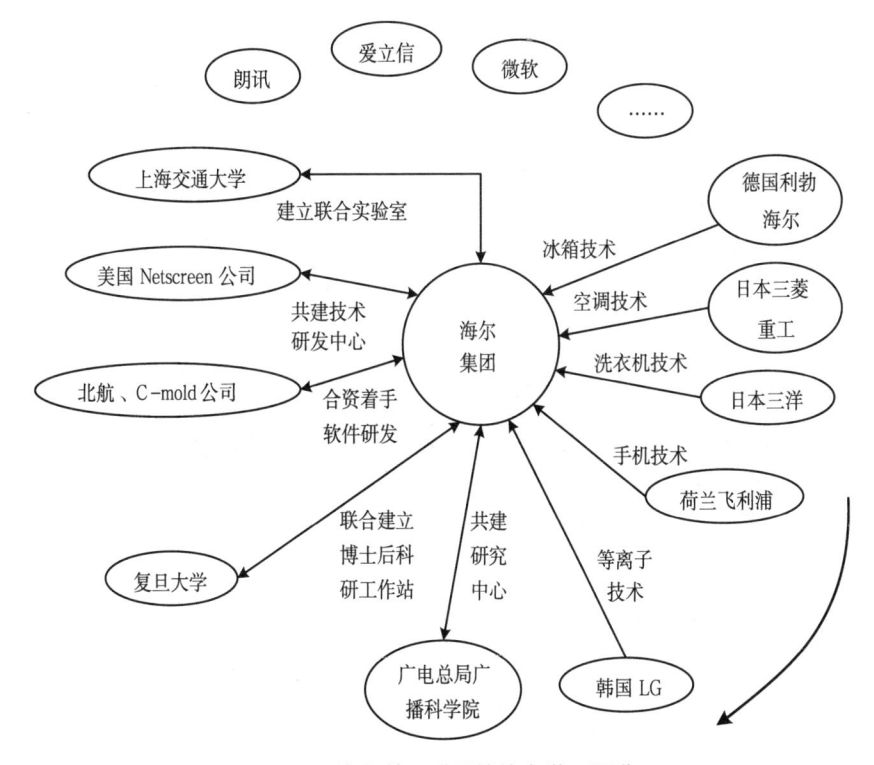

图7-8 海尔基于联盟的技术学习图谱

海尔正是借助于联盟创造学习先进技术的机会，采取先产品后工艺、先拓新后挖潜的技术学习方式，将所学技术消化吸收来发展自己的技术能力的。基于联盟的技术学习给海尔带来了众多机会，帮助海尔掌握核心技术，成为中国家电的领军企业、世界市场的著名品牌。

7.2.3.3 宝钢——"五位一体"的联盟技术学习

宝钢集团立足于生产高技术含量、高附加值钢铁精品，目前已形成普碳钢、不锈钢、特种钢三大产品系列，产品集聚在汽车（尤其是高级轿车）用钢、家电用钢、石油管线钢、钻杆、油井管、高压锅炉管、冷轧硅钢、不锈钢、高合金品种钢和高等级建筑用钢，产品实物质量堪与国际同类产品相比。自2003年开始，宝钢连年进入世界500强。

近年来，宝钢战略性相关业务重点围绕钢铁供应链、技术链、资源利用链，加大内外部资源的整合力度，与国内外同行业企业、供应商、下游用户企业、国内外大学和科研机构都建立广泛的研发联盟关系（见图7-9）。

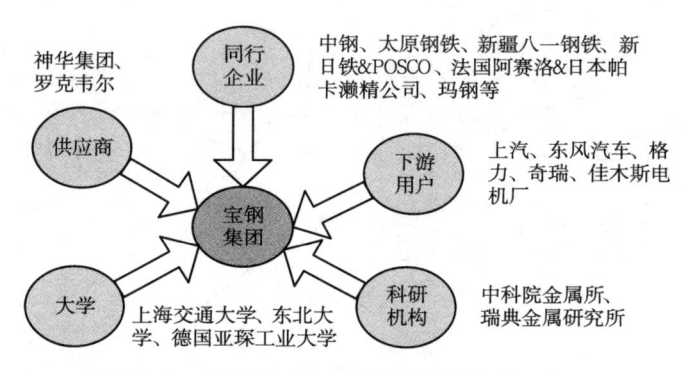

图7-9 宝钢"五位一体"的联盟技术学习体系

宝钢与同行业企业的联盟，如与新日铁&法国阿塞洛合作开展汽车板项目、在汽车激光拼焊技术方面展开共同研发和技术学习；与供应商的联盟，如宝钢与北美最大的工业自动化供应商罗克韦尔自动化公司合作建立"宝钢-

罗克韦尔实验室",双方在工业自动化领域展开合作;与下游用户企业的联盟,如宝钢与上汽、东风汽车、奇瑞开展汽车用钢的合作研发,与格力开展家电用钢的研发;与大学的联盟,如宝钢与上海交通大学签署了"科研合作协议"和"人才合作协议",并成立"上海交大-宝钢汽车板联合研究室",与东北大学在学科建设、科研合作、实验室共建、技术交流、人才培养等方面展开全面合作;与科研机构的联盟,如宝钢与瑞典金属研究所签订长期战略技术合作协议,在新材料工艺设计和国际化人才培养方面展开合作。

宝钢与同行的研发联盟主要集中在加强环保、能源等共性技术领域的合作;与用户和供应商的研发联盟表现在与国内上、下游行业的强强联合形成稳定的技术创新链;与大学和研发机构的合作由单一项目合作向集群领域合作转变。在探索和实践中,宝钢不断拓展研发联盟渠道和技术学习方式(见图7-10)。合作渠道:从以高校为主逐步向科研院所、行业协会、国家基金、同行及产业链企业等拓展;从以国内为主逐步向国外拓展。合作方式:逐步从以科研项目为载体的合作向实验室共建、联盟网络式战略合作发展。合作范畴:从以单一技术开发为主逐步向人才培养、成果产业化应用、集成技术发展。开放式自主集成创新是宝钢下一轮技术创新的主旋律。

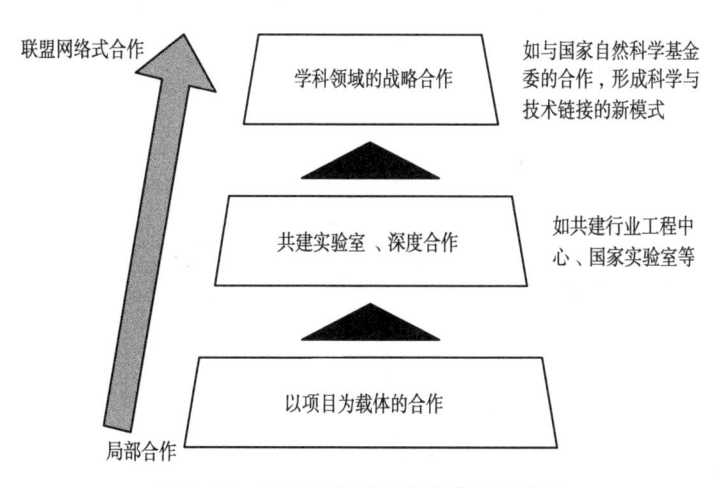

图7-10 宝钢研发联盟技术学习的演进

7.3 问卷调查分析

7.3.1 背景介绍

作者开展了关于企业研发联盟技术学习的实证调查,对国内16家联盟主体企业(见表7-5)的近100个研发联盟进行了问卷调查和实地访谈,以从多方面考察企业研发联盟技术学习的情况。这些被调研的主体企业都是有一定研发联盟历史和联盟经验的具有行业代表性的企业。如东风电动汽车股份有限公司与武汉理工大学、华中科技大学、清华大学、中国科学院、上海交通大学、北京交通大学、北方工业大学、北京理工大学、春兰股份有限公司、上海御能动力科技有限公司、湖南神州科技股份有限公司、北京中纺锐力等建立了广泛的技术合作关系;上汽通用五菱公司技术中心同武汉理工大学、湖南大学、上海交通大学、吉林大学、中国汽车技术研究中心(天津)、宝钢研究院和国外一些研发资源建立起庞大的研发联盟网络。被调研的16家企业分布全国各地,涉及机械、化工、电子通信、材料、医药、建材、服务、综合等不同行业。

问卷调查的内容分为六大部分,包括公司规模和联盟背景、企业研发联盟概况、合作伙伴选择标准、联盟失败原因分析、联盟技术学习影响因素和联盟技术学习管理工具。

表7-5 被调查的主体企业背景

研发联盟主体企业	主营业务	企业规模(员工数)	企业上年销售额(百万元)	研发联盟数量	联盟成功率	对联盟重要性的认知
东风汽车公司	汽车	1~500	<1	>50	40%	非常重要
东风电动汽车股份公司		>1000	1000~50000	25	70%	非常重要

续表

研发联盟主体企业	主营业务	企业规模（员工数）	企业上年销售额（百万元）	研发联盟数量	联盟成功率	对联盟重要性的认知
上汽通用五菱		>1000	1000~50000	11	90%	非常重要
中国一拖集团有限公司	拖拉机制造	>1000	50000以上	2	80%	很重要
科益药业	制药	1~500	100~1000	2	80%	非常重要
烽火集团	通信	>1000	100~1000	3	60%	重要
内蒙古乌兰水泥集团	水泥	>1000	100~1000	1	60%	非常重要
北京赛博思金属结构工程有限责任公司	钢结构建筑房屋	1~500	100~1000	1	80%	非常重要
湖南博云新材料股份有限公司	材料	1~500	100~1000	2	80%	非常重要
广州远洋运输公司	航运	>1000	1000~50000	2	86%	很重要
武汉三特索道集团股份有限公司	旅游业	>1000	100~1000	1	75%	非常重要
湖南山河智能机械股份有限公司	工程机械	>1000	1000~50000	2	100%	很重要
四川美丰化工股份有限公司	化工	>1000	1000~50000	2	90%	很重要
武汉农业集团有限公司	农业	>1000	1~100	1	70%	非常重要
中国移动	移动通信	>1000	50000以上	4	60%	非常重要
四川农资企业集团	农资	>1000	100~1000	1	60%	非常重要

从表7-5中可以看出：①联盟在实现公司战略目标方面的重要性已得到公认；②制造业产学研战略联盟活跃一些，非制造业相对较少，可能是因为

技术创新在制造业受到了更多的重视；③双边联盟多，多边联盟和联盟网络少，说明我国现有的产学研战略联盟大多还停留在初级阶段；④只建立了少数联盟的企业联盟成功率较高，拥有联盟的数量很多的企业联盟成功率却不理想。其原因是，不同的组织需要不同的联盟能力。一个只有少数几个不太重要的联盟的企业可能不需要发展广泛的联盟能力。但是，如果一个企业拥有众多复杂的联盟，它就需要尽可能广泛地发展联盟的能力。这也说明我国企业管理复杂联盟网络的能力严重不足。⑤东风汽车公司建立了多于50个战略联盟，可是成功率却只有40%；上汽通用五菱同样拥有众多的联盟伙伴，可是联盟成功率却达到90%。其间的差别就体现在有效的联盟管理工具方面。实地调查证明，上汽通用五菱在建立联盟管理工具方面作了大量的研究和投资。

7.3.2 基本统计分析

7.3.2.1 被调查企业研发联盟概况

研发联盟伙伴来源分布：被调查企业所建立的研发联盟里，其合作伙伴的来源分布涉及本行业其他企业、供应链前后向企业、高校、科研院所、跨国公司及其研发机构。与本行业其他企业、供应链前后向企业、高校、科研院所结盟的比较多，而与跨国公司及其研发机构结盟的较少。

研发联盟技术学习动机：这些企业联盟技术学习的动机主要包括提高研发效率、加快创新速度、实现技术优势互补、联盟降低技术学习成本、快速获取接触新技术、共同开发复杂技术产品。

研发联盟技术学习的主要模式：这些企业研发联盟技术学习的主要模式包括共建实验室、共建技术中心、共建博士后科研工作站、签订技术合作协议、产学研联合培养技术人才。

7.3.2.2 研发联盟伙伴选择标准

获取对方研发能力和先进技术、获取对方知识库和管理工具、长远战略的协同、合作伙伴表现出的承诺和可信任、管理适应程度、权利和利益的分配达成协议、资源和能力互补、合作伙伴在全球市场的战略地位、与同一伙伴建立未来深度合作的可能性都是这些企业联盟伙伴的重要指标，其相对重要程度如图7-11所示。

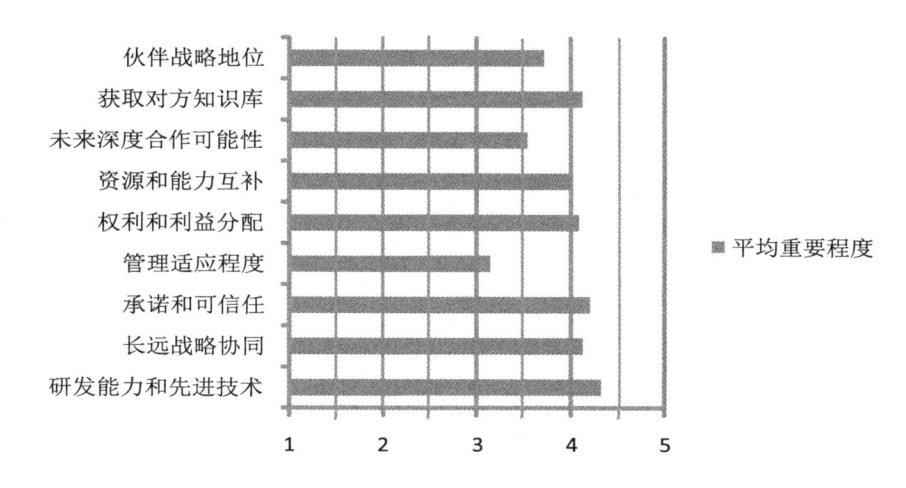

图7-11 企业研发联盟合作伙伴选择标准调查结果

7.3.2.3 联盟常见失败原因分析

本项研究的问卷调查显示，战略目标不一致、缺乏信任、合作伙伴能力不足、文化不融合、己方能力不足、运作障碍、知识产权问题、技术学习管理不善依次是导致我国产学研战略联盟失败的重要原因（见图7-12）。

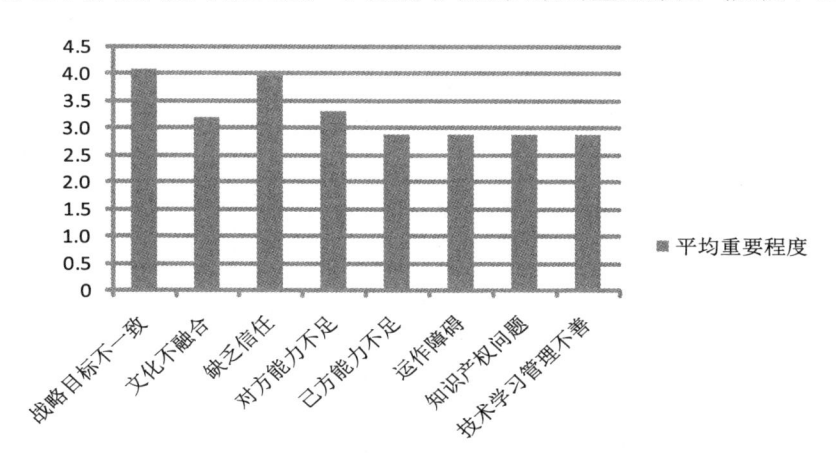

图7-12 被调查企业研发联盟常见失败原因分析

7.3.2.4 联盟管理工具使用情况

联盟管理工具之所以重要是因为它可以记录过去的联盟经验，注明联盟成功的各个细节步骤，构建联盟数据库和内部网络，建立联盟培训系统，以此为以后的学习和联盟管理建立一个标准的平台。表7-6中显示了拥有各种联盟管理工具的企业在所选问卷调查样本中所占的比例。其中，国外数据来源于联合国大学马斯特里赫特创新与技术研究中心对ASAP（战略联盟专家协会）会员企业的问卷研究项目的统计结果，该数据库涉及200余家欧美企业的各种形式的研发战略联盟，本书仅抽取其中30个主体企业的样本进行分析。

表7-6 联盟管理工具在中国研发联盟的运用及国际比较

联盟技术学习管理工具		欧洲企业	美国企业	中国企业
联盟信息系统	联盟内部知识共享平台	80%	68%	43.75%
	联盟知识库	55%	60%	31.25%
	联盟手册	33%	40%	31.25%
	联盟内部互联网	71%	73%	43.75%
联盟评价工具	联盟成功率的测评	61%	74%	37.50%
	单个联盟评价	82%	81%	68.75%
	跨联盟比较和评价	53%	48%	56.25%
	综合评价	75%	74%	56.25%
联盟管理培训工具	联盟经理人知识结构改善和能力提升课程	41%	41%	12.50%
	公司内部联盟培训	51%	48%	18.75%
	外聘人员进行联盟管理者培训（咨询机构、学术机构）	32%	47%	68.75%
	联盟经理人跨文化培训课程	33%	26%	31.25%
伙伴合作与学习工具	伙伴选择的标准化方法	67%	67%	50 %
	联合制定企业发展计划	80%	84%	62.50%
	伙伴门户网站	60%	68%	56.25%
	个性化管理方法	69%	77%	62.50%

续表

联盟技术学习管理工具		欧洲企业	美国企业	中国企业
职能的设立	专职联盟管理部门	69%	70%	
	兼职联盟管理部门			75.00%
	专职联盟经理	78%	87%	
	兼职联盟经理			68.75%
公司内部联盟管理方法	联盟经理之间经验的正式交流	58%	43%	68.75%
	联盟运作中高效的批准流程	70%	76%	37.50%
	联盟经理人与联盟绩效挂钩的报酬和奖金	73%	61%	43.75%

联盟信息系统：规范化、标准化的联盟信息系统是联盟经理导向工具的重要表现形式，它包括联盟内部知识共享平台、联盟数据库、联盟手册和联盟内部互联网。从调查结果来看，我国企业在联盟信息系统建立方面稍微弱于欧美企业，特别是建立联盟知识库的企业所占比重很少，给联盟经验、信息和知识的传播造成了一定的障碍。

联盟评价工具：联盟评价工具主要包括对联盟成功率的测评、对单个联盟的非系统化评估、对企业不同产学研联盟的比较评估和对联盟贡献率的整体评价。经常性地通过一套正式的方法对不同联盟进行评估和比较，可以获得显著的学习效果，而且在评估的同时也使联盟知识在企业中得到了广泛的传播。我国企业在这方面做得还不错。

联盟管理培训工具：许多学者指出"隐性知识"，如联盟知识和经验，可以通过培训传播给管理人员。联盟培训系统是联盟技巧得以扩展的重要途径和联盟管理人员交流的重要场所。研究数据也表明使用联盟培训可以提高企业联盟的成功率。调查显示，现在我国企业虽然很重视培训，开展的各种各样的培训很多，但是针对研发联盟技术学习的培训却很少。

伙伴合作与学习工具：对产学研联盟伙伴选择的规划和管理是许多高绩效产学研联盟企业的一个重要工具，同时，糟糕的伙伴选择是引起产学研战略联盟失败的一个重要原因。我国企业在制定标准化的伙伴选择流程方面还有待加强。我国企业应该学习从组建联盟就开始关注自己与联盟伙伴的匹配性；在联盟运行中加强与伙伴之间的沟通，以更好地获得伙伴的信任和承诺。

职能的设立：组织能够获取、整合和传播联盟管理诀窍或者惯例的最重要的联盟能力是通过构建一个用于获取原有经验的独立的专门组织机制，即所谓的"专有联盟职能"（Anand和Khanna[206]，2000）。在西方，联盟部门的设立和联盟经理职业的存在被许多企业证明是改进和提高联盟绩效的一个关键要素（Geert[188]，2002）。但笔者调研发现，被调查的中国企业中无一成立专职的联盟管理部门，它们的联盟管理工作大多是由公司办公室、总经理办公室、企业发展部、总裁办、发展规划部等战略管理部门兼任；专职的联盟经理和联盟专家也没有，但大部分联盟主体企业安排相关人士兼职负责联盟管理和控制协调工作。欧美企业联盟成功率较高很大程度上源于它们设有专职的联盟管理部门，聘用专业的联盟管理人员。

公司内部联盟管理方法：由于我国没有专职的联盟管理部门和联盟经理，在实践中缺乏高效的批准流程，大大影响了联盟运作的效率。同时，由于我国企业不太重视与联盟绩效挂钩的经理人报酬和奖金，对联盟从业人员激励不够，从而对积极有效地推动联盟管理工作构成了一定的障碍。

7.3.3 技术学习影响因素的因子分析

从表7-7中可以看到，巴特利特球度检验统计量的观测值为179.354，相应的概率接近0。如果显著性水平为0.05，由于概率小于显著性水平，应拒绝零假设，认为相关系数矩阵与单位矩阵有显著差异。同时，KMO值为0.793，根据Kaiser给出了度量标准可制原有变量适合做因子分析。

表7-7 巴特利特球度检验和KMO检验

Kaiser-Meyer-Olkin Measure of Sampling Adequacy（KMO值）		.793
Bartlett's Test of Sphericity	Approx. Chi-Square	179.354
	df	23
	Sig.	.000

从表7-8中可以看到，影响企业研发联盟技术学习的因素分成四大类共19个指标。因素F1由5个指标组成，主要反映了企业在研发联盟中需要学习的技术知识的基本属性，包括其复杂度、显性/隐性形态、专有性、模块化程度、技术更新速度，命名为技术属性。因素F2由3个指标组成，主要反映了合作伙伴——技术传递方对技术贡献的配合程度，包括技术传递方的技术转移意愿、技术保护程度和技术转移能力。因素F3由4个指标组成，主要反映了技术学习主体——技术需求方自身的学习能力对技术学习造成的影响，包括技术学习方的学习意图和主动性、用在技术学习上的投资、原有知识基础和知识存量、消化吸收能力。因素F4由7个指标组成，主要反映了企业与联盟伙伴之间的相互关系和差异，包括文化差异、知识基础差异、以往合作经历和经验、信息沟通程度、信任程度、冲突处理和联盟治理结构。因子分析的结果与问卷中的分类完全一致，说明本书作者原先设想的模型具有一定的合理性。

表7-8 联盟技术学习影响因素的因子分析

因素	指标名称	载荷量				因素名称
		F1	F2	F3	F4	
F1	复杂度	.741				技术属性
	显性/隐性形态	.785				
	专用性	.796				
	模块化程度	.669				
	技术更新速度	.613				
F2	技术转移意愿		.914			技术传递方配合度
	技术保护程度		.837			
	技术转移能力		.845			

续表

因素	指标名称	载荷量 F1	F2	F3	F4	因素名称
F3	学习主动性			.867		技术需求方学习能力
	学习投入			.831		
	知识存量			.813		
	消化吸收能力			.873		
F4	文化差异				.682	伙伴关系
	知识基础差异				.739	
	合作经历和经验				.816	
	信息沟通				.647	
	信任程度				.806	
	冲突管理				.752	
	联盟治理结构				.562	

7.3.4 关联规则分析

关联规则是数据挖掘的主要技术之一，是寻找描述数据库中数据项（属性、变量）之间存在（潜在）的关联规则。利用关联规则的数据挖掘技术可以找出大量数据之间未知的依赖关系。关联规则挖掘过程主要包含两个阶段：第一阶段必须先从资料集合中找出所有的高频项目组（Frequent Itemsets），第二阶段再由这些高频项目组中产生关联规则（Association Rules）。

关联规则中有两个重要指标，一个是支持度，一个是置信度。所谓支持度是指关联规则左右两边事件共同发生的概率，是一个联合概率；而置信度则是指，在关联规则左边事件发生的条件下，右边事件发生的概率，是一个条件概率。

在最小支持度设为10%，最小置信度设为50%的情况下，利用马克威分析系统（Markway软件）得出指标之间的强关联规则列表，如表7-9所示。

表7-9 数据挖掘结果（强关联规则）

规则	支持度	置信度
合作伙伴的来源分布="本行业其他企业"==>技术学习障碍="对方技术保护"	0.1875	0.5000
合作伙伴的来源分布="本行业其他企业"==>失败原因="缺乏信任"	0.1875	0.6000
合作伙伴的来源分布="跨国公司"==> 失败原因="战略目标不一致"	0.1875	0.7500
合作伙伴的来源分布="高校"==>联盟模式="共建实验室"并且失败原因="知识产权问题"	0.1875	0.7500
合作伙伴的来源分布="跨国公司"==>技术学习障碍="对方技术保护"和"己方吸收能力障碍"	0.1250	0.6667
技术学习动机="共同开发复杂技术产品"==>联盟模式="共建技术中心"	0.1250	0.5000

从表7-9可以看出：与同行业竞争对手很容易由于竞合关系造成信任的缺失，从而导致联盟技术学习的失败；与跨国公司的合作容易产生目标冲突，事实上也是这样，跨国公司一方面希望抢占中国市场，另一方面又牢牢控制着核心技术，而中国企业希望学到跨国公司的先进技术，双方战略目标的差异不言而喻；与高校的合作倾向于采取共建实验室的联盟模式，且与高校的合作容易因知识产权的归属问题而产生冲突；与跨国公司的研发联盟，其技术学习障碍主要来自对方的技术保护和己方的吸收能力不足，两方面的障碍更加大了技术学习的难度，这就是为什么我国过去长期坚持的"以市场换技术"的战略最终失败的根本原因；动机为开发复杂技术产品的企业倾向于采取共建技术中心的联盟模式。

发现了以上这些隐性关联关系，就可以根据已知现象推测未知因素，对联盟技术学习的情况有更好的洞察和预测。由上面的分析还可以看到，不同的合作伙伴带来不同的问题，在下一步的研究中，需要根据合作伙伴来源的不同来来讨论在相应的环境中企业研发联盟技术学习的问题。

7.4 本章小结

以权威数据为依据分析了研发联盟技术学习对我国企业的战略意义；构建中国企业研发联盟技术学习案例库并进行群体分析，总结中国企业研发联盟技术学习的发展阶段、模式分布、国内联盟和国际联盟、行业特性等特征；以华为、海尔、宝钢为例展开典型案例分析；结合问卷调查、实地访谈对联盟伙伴选择、联盟技术学习常见失败原因、联盟技术学习管理工具的使用等进行统计分析，利用因素分析对联盟技术学习影响因素进行验证，利用多维关联分析挖掘企业研发联盟技术学习各影响要素间的相互关联。

第8章 总结与研究展望

8.1 全书总结

综合运用战略联盟理论、组织学习理论、知识管理理论、博弈论与信息经济学、统计学等理论与方法，本书系统地探讨了企业研发联盟技术学习的机理、模式、博弈模型、跨企业知识转移与知识创造模型，并通过案头调研、案例库构建、问卷调查、深度访谈、统计分析、关联分析等研究方法，对中国企业研发联盟技术学习的现状进行归纳总结，对其特征进行提炼，对影响因子、对要素之间的关联进行分析和验证。

总结全文的研究工作，主要表现在以下几个方面。

（1）阐明企业研发联盟技术学习的内涵、特征、原则，从学习对象、学习内容、学习层次三个方面探讨了企业研发联盟技术学习的基本维度，从共担研发风险、提高研发效率、技术优势互补、降低创新成本、快速接触获取新技术、共同开发复杂技术产品、共同制定技术标准等方面探讨了企业研发联盟技术学习的动力机制，从技术本身特性、学习对象的配合程度、技术需求方的学习能力、伙伴关系四个方面探讨了企业研发联盟技术学习的影响机制，从技术属性障碍、技术保护障碍、传授能力障碍、吸收能力障碍、伙伴关系障碍探讨了企业研发联盟技术学习的制约机制，从合作伙伴选择策略、联盟管理职能设立、学习代理人选择、学习评估等方面探讨了企业研发联盟技术学习的运行机制和管理机制。

（2）从交易成本理论、资源基础理论、博弈理论等视角对企业研发联盟技术学习中的竞合关系进行了剖析，分析了企业研发联盟技术学习竞合效应的内涵和决定因素，依据竞合强度把企业研发联盟技术学习中的竞合关系分为任务型、竞争主导型、伙伴型、高效适应型四种类型，并分析了四种类型对应的技术学习行为表现为被动型学习、掠夺式学习、交互式学习和贡献式学习。

（3）以双边研发联盟为例，建立了不同前提下技术共享与技术保护的博弈模型，并得出如下结论：①一次博弈的结果是（技术保护，技术保护）的"囚徒困境"；②有限次重复博弈的结果是（技术保护，技术保护）策略的反复出现；③无限次重复博弈时，分两种情况：当博弈一方不看好长期利益或只关注短期目标时，个人利益与联盟利益的不统一将导致联盟面临危机；当双方都看重未来利益、看重技术共享给双方未来长远战略行意义时，技术共享意愿最强，此时双方将采取技术共享与信任态度，从而促进联盟企业间的技术学习。以上研究表明，联盟成员间的信任程度和长远战略协同程度将影响技术共享意愿和技术学习效果。

（4）以双边研发联盟为例，构建一个两阶段博弈模型以阐释企业研发联盟技术学习过程中技术学习对象（技术领先企业）和技术学习主体（技术落后企业）之间的互动关系，并对这一学习行为带来的联盟整体效应展开探讨。得出如下结论：①技术学习主体学习的动力与技术学习对象技术共享意愿的高低和溢出效应的大小正相关，与技术学习主体自身技术学习能力的高低正相关；②学习的积极外部效应大于其消极外部效应，（创新，学习）不仅为两阶段博弈模型的纳什均衡解，而且是社会联盟整体效用的帕累托最优解。技术学习既不会阻碍技术领先型企业的技术创新，又能成为追随企业技术改进与变迁的强大动力，并带来联盟整体的正和效应。

（5）提出企业研发联盟技术学习的"3P"基础和"双E"模式。"3P"基础即基于研发平台、基于研发项目和基于人才培养，"双E"模式即指拓新学习和挖潜学习。把基于研发平台的研发联盟技术学习分为共建研发合资企业、合资研发、共建实验室、共建技术中心、联合设立博士后科研工作站、基地合作研发、组建研究协会、校企联合承担重大科研课题等形式；把基于研发项目的研发联盟技术学习分为技术成果转化、委托开发、联合开发、技术咨询、技术交换协议、联合制定技术标准等形式；把基于人才培养的研发联盟技术学习分为拓展和完善博士后联合体系、建立产学研访问学者制度、建立产学研开放式创新的团队制度和导师制度、技术专家类教授到企业兼职等，并指出人才培养型技术学习的关键问题在于正确选派学习代理人、建立学习激励机制、建立学习报告整理和管理制度。分别以W汽车公司建设的中国微小型汽车研发战略联盟平台、宝钢依托产学研联盟的技术人才培养模式为实例展开案例分析。

（6）在野中郁次郎教授SECI模型的基础上提出企业研发联盟技术学习中多企业间知识学习的M-SECI模型。对M-SECI模型的四要素知识共享（Knowledge Sharing）、知识交流（Knowledge Exchange）、知识创造（Knowledge Creation）、知识集成与创新（Knowledge Integration & Innovation）进行了分析，并对四个要素的相互关系展开探讨。指出知识共享途径包括联盟知识库、知识地图、联盟界面管理，知识共享障碍主要来源于联盟成员企业文化差异、联盟治理机制障碍、技术机密保护、知识产权纠纷；从个体与个体、个体与团队、团队与团队三个层次分析了联盟企业知识交流机制，分析了知识交流的多种途径并提出保障机制；对联盟中的知识创造和知识创新过程进行了分析。最后建立了M-SECI粗集过程模型，并作实例分析。

（7）以权威数据为依据分析了研发联盟技术学习对我国企业的战略意义；构建中国企业研发联盟技术学习案例库并进行群体分析，总结中国企业研发联盟技术学习的发展阶段、模式分布、国内联盟和国际联盟、行业特性等特征；以华为、海尔、宝钢为例展开典型案例分析；结合问卷调查、实地访谈对联盟伙伴选择、联盟技术学习常见失败原因、联盟技术学习管理工具的使用等进行统计分析，利用因子分析对联盟技术学习影响因素进行验证，利用多维关联分析挖掘企业研发联盟技术学习各影响要素间的相互关联。

8.2 本书创新点

本书的主要创新点如下。

（1）建立了企业研发联盟技术学习的竞合博弈模型，分析了不同情况下作为理性人的企业技术保护与技术共享的策略选择，对技术合作与技术学习的社会正和效应进行了论证。

（2）提出了企业研发联盟技术学习的"3P"基础与"双E"模式，并对基于研发平台、基于研发项目、基于人才培养的三种企业研发联盟技术学习模式的具体表现展开探讨。

（3）在野中郁次郎企业内知识转移SECI模型的基础上提出企业研发联盟技术学习中多企业间知识学习的M-SECI模型，并对其构成要素展开分析。建立M-SECI粗集过程模型，运用粗糙集理论对M-SECI的四要素进行解析。

（4）设计了面向技术学习的企业研发联盟管理工具体系，并从联盟信息系统、联盟评价工具、联盟培训工具、伙伴适应性工具、联盟专有职能设立等几个方面对其进行指标细化。建立中国企业研发联盟技术学习案例库，记录已有的研发联盟技术学习经验，并为以后的研究建立了实证参考依据。

8.3 研究展望

本研究虽从众多角度对企业研发联盟技术学习的相关问题进行了研究，但有关研发联盟技术学习的研究还有许多难题有待探索和挖掘，仅就本书研究框架来看，笔者建议从以下几个方面继续今后的研究。

（1）理论分析方面，虽然提出企业研发联盟技术学习中多企业间知识学习的M-SECI模型，但企业间知识学习的过程在不同的情况下呈现不同的特征和博弈关系，内涵十分丰富，M-SECI模型有待于进一步深入研究、细化和扩展。另一方面，企业研发联盟技术学习还面临一些其他的问题，如利益分配、知识产权冲突、技术学习与技术能力提升之间的定量评估等，有待后续研究来完善。

（2）实证研究方面，案例库有待进一步扩充。同时，由于目前我国企业信息披露不规范，获取相关信息比较困难等问题，在一定程度上增加了技术源追踪和联盟伙伴选择的难度，若能建立各个行业重要企业的技术知识库，将有助于为企业寻找合适的合作伙伴提供咨询和参考。

参考文献

[1] 徐冠华.关于自主创新的几个重大问题[J].中国软科学,2006,(4):1-7..

[2] Linsu Kim. Imitation to Innovation: the Dynamics of Korea's Technological Learning [M]. Harvard Business School Press, 1997.

[3] Amsden A H. Asia's Next Giant: South Korea and Late Industrialization [M]. Oxford University Press, 1989.

[4] 史占中.企业战略联盟[M].上海：上海财经大学出版社, 2001:230.

[5] Dinneen G P. R&D Consortia: Are They Working? [J].Research and Development，1988:62-66.

[6] Hagedoorn J,Narula R. ChoosingOrganizationalModes of Strategic Technology Partnering: International Sectoral Differences [J]. Journal of International Busines Studies. 1996:265-284.

[7] Mothe C, Queilin B V. (2001). Resource Creation and Partnership in R&D Consortia [J].Journal of High Technology Management Research, Vo.l 12, No. 1: 113-138.

[8] 李东红.企业联盟研发:风险与防范[J].中国软科学,2002,(10): 47-50.

[9] Phan P H, Peridis T. Knowledge creation in stratenic alliances: another look at ornanizational learning[J]. Asia Pacific Journal of Mananement, 2000, 17: 201-222.

[10] Hamel G,Prahalad C K. Strategic intent[J]. Harvard Business Review, 1989, 67 (3)：63 -76.

[11] 樊增强.跨国公司技术联盟：动因、效应及启示[J].中央财经大学学报,

2003(10):65-68.

[12] Badaracco J L. Tne knowledge link : How firms compete through strategic alliances [M]. Boston: Harvard Business School Press,1991:3 -5.

[13] 刘凤艳. 论企业知识协作[J]. 煤炭技术,2003,22(10):11-12.

[14] 李瑞涵,赵强,吴育华. 合作理论及其稳定性分析[J]. 天津大学学报,2002,35(6):715-717.

[15] Park S H,Ungson G R. Interfirm Rivalry and Managerial Complexity: A Conceptual Framework of Alliance Failure [J].Organization Science, 2001, Vol. 12，No. 1:37-53.

[16] Pastor M,Sandonis J.Research joint ventures vs cross-licensing agreements:an agency approach[J].International Journal of Industrial Organization,2002,20: 215～249.

[17] Cyert Richard M , Goodman Paul S. Creating Effective University Industry Alliances: An Organizational learning Perspective[J]. Organizational Dynamics, Spring 1997.

[18] 阮平南,黄蕾. 基于博弈的企业合作机理和稳定性研究[J]. 浙江工商大学学报,2007,(2):66-70.

[19] 于惊涛. 外部新技术获取模式、情境与绩效相关性研究[D]. 大连:大连理工大学博士论文,2005.

[20] POLANYIM1 Personal knowledge : Toward A Postcritical Philosophy [M]. Harper Torchbooks: New York, 1962.

[21] Ikujiro Nonaka, Tadeuchi. The knowledge - Creating Company: How Japanese Companies Create the Dynamics of Innovation [M]. New York: Oxford University Press, 1995.

[22] KOGUT B, ZANDER1 U. Knowledge of the Firm, Combinative Capabilities and the Rep lication of Technology [J]. Organization Science, 1992 (3).

[23] Miehael Hobday, Innovation in East Aria : The Challenge to Japan[M], Edward Elgar, 1995: 1 - 9, 35 - 41,129 - 132.

[24] Amsden A H. Asia's Next Giant: South korea and late industrialization[M]. Oxford University press, 1989.

[25] Linsu Kim.The Dynamics of Samsung's Technological Learning in semiconductors[J]. Califonia management Review,1997b:86-100.

[26] 谢伟.产业技术学习过程[D].北京:清华大学博士学位论文,1999.

[27] Bolton, M.K. Imitation versus innovation: lessons to be learned from Japanese [J], Organization Dynamics,1993 (winter): 30- 45.

[28] Bell M, Pavitt K.Technological Accumulation and Industrial Growth: Contrasts between Developed and Developing Countries[J].World Development, 1993, 27 (9) : 1715- 1734.

[29] Nonaka L, Takeuchi H. The Knowledge- creating Company: How Japanese Companies Create the Dynamics of Innovation, Oxford University Press, 1995.

[30] Simpson, Barbara. The Knowledge Needs of Innovating Organisations, Singapore Manager lent Review.21302 Special Issue,Vol. 24, Issue 3.

[31] Spender J C. Competitive Advantage From Tacit Knowledge[J]. Academy ff Management Proceedings, 1993,9(2): 37-40.

[32] Franco Malerba. Learning by Firms and Incremental Technical Change,The Economic Journal.102(July 1992),845-859.

[33] 银路.技术创新管理[M].北京:机械工业出版社,2004:134-135.

[34] 缪仁炳.企业成长中的技术学习模式创新——以浙江民营企业为例[J].科技进步与对策,2007(7):102-106.

[35] Argyris C. On Organizational Learning: Massachusetts: Blackwell Publishers, 1990:356.

[36] Meyers P W.Non- Linear Learning in Large Technological Finns:Period for Implies Chaos[J].Research Policy,1990,19:97-115.

[37] 吴晓波.二次创新的周期与企业组织学习模式[J].管理世界,1995,(3):168-172.

[38] Lu, Qiwen. China's Leap into the Information Age [M].Oxford University Press, 2000.

[39] 魏广杰.加工贸易企业的技术学习机制[J].广州: 科技管理研究,2006(9) : 69-73

[40] 安同良. 企业技术能力理论.上海:上海社会科学院出版社,2003.

[41] Rosenberg N, Frischtak C R. Technological Innovation and Long Waves, Cambridge Journal of Economics, Vol. 8, 1984: 7-24.

[42] Rubenstein Albert H. Managing Technology in the Decentralized Firm, New York, John Wiley & Sons, Inc, 1989.

[43] Rafael Andreu,Claudio Ciborra(1998).Organizational Learning and Core Capabilities Dvelopment:the Role of IT.Information Technology and organizational Transformation.Edited by R[M].Galliers and W.R.J.Baets,John Wiley &Sons Ltd.

[44] 谢伟.中国彩电总装企业的技术学习[J].科研管理,2001,22(2):104-111

[45] 赵晓庆,许庆瑞.企业技术能力演化的轨迹[J].科研管理,2002,23(1):70-76.

[46] Forbes N, Wield D. From Followers to Leaders: Managing Technology and Innovation in Newly Industrializing Countries[M]. Routledge, 2001.

[47] Carayannis E. A multi-ational, resource- based view of training and development and the strategic management of technological learning: keys for social and corporate survival and success [A]. 39th International Council of Small Business Annual World Conference [C] , Strasbourg, France, June, 1994, (39) : 154 - 163.

[48] Carayannis E. Knowledge transfer through technological hyper - learning in five industries [J]. Technovation, 1999, 19 (3) : 141 - 161.

[49] Carayannis E. Investigation and validation of technological learning versus market performance [J]. Technovation, 2000, 20 (1) : 389 - 400.

[50] Carayannis E. Higher order technological learning as determinant of market success in the multimedia arena; a success story, a failure, and a question-

mark: Agfa /Bayer AG, Enable Software, and Sun Microsystems [J]. Technovation, 1998, 18 (10) : 639 - 653.

[51] Porter M E, Fuller M B.Coalition and Global Strategy.Competition in Global [J].Industries,Boston:Harvard Business School Press,1986.

[52] Osborn R N, Baughn C C. Forms of Interorganizational Governance for Multinational Alliances[M], Academy of Management Journal, 1990,33:503-519

[53] 蔡兵.企业强强联合现象的"中间组织理论"分析[J].南方经济, 2001, (01).

[54] 曾忠禄等.企业战略联盟组织与运作[J].北京:中国发展出版社,1998:1.

[55] Das T K, Teng B S. Resource and risk management in the strategic alliance making process. Journal of Management, 1998, 24(1): 21-42.

[56] Hagedoorn J ,Link A N,Vonortas N S.Research partnerships[J].Research Policy,2000(29).

[57] 陈佳贵.战略联盟：现代企业的竞争模式[M].广州:广东经济出版社，2000:51.

[58] 陈耀.联盟优势——21世纪企业竞争新形态[M].北京:民族出版社,2003: 18.

[59] 马成樑.基于知识链的企业战略联盟研究[D].上海:复旦大学博士论文, 2005.

[60] FaulKner D O. De Rond Mark. Cooperative Strategy: Economic, business, and organizational issues. New York. Oxford University Press.

[61] 徐强.企业技术联盟的成因探析[J],科技成果纵横,2006,(2):55.

[62] Glaister K W,Buckley P J.Strategic motives for international alliance formation[J]. Journal of Management Studies,1996,33:301-332.

[63] 韩铀岚.企业国际战略联盟的形成与发展[J].中国工业经济,2000(04).

[64] Khanna T , Gulati R, Nohria N. The dynamics of learning alliances: Competition, cooperation and relative scope[J], Strategic Management Journal, 1998, 19(3).

[65] 简汉权,李恒.战略联盟的形成机制——非零和合作博弈[J].科学学与科学技术管理,1998,19(9):17-18.

[66] 汪涛, 李天林, 徐金发. 基于资源观的战略联盟动因综论[J].科研管理,2001, 22(6):68-74.

[67] Kogut B. Joint ventures: Theoretical and empirical perspectives [J]. Strategic Management Journal, 1988, 9: 319-322.

[68] Hamel G , Doz Y L , Prahalad C K. Collaborate with your competitors-and win. Harvard Business Review, 1989,67(1): 133-140.

[69] Baum J A C,Calabrese T,Silverman B S.Don't go it alone:Alliance network composition and startups performance in Canadian biotechnology[J].Strategic Management Journal,2000,21:267-294.

[70] Gulati R, Gargiulo.Where do Interorganizational Net-Works Come From?[J]. American Journal of Sociology,1999,104(5):1439-1493.

[71] Simonin B L.The importance of collaborative know-how:An empirical test of the learning organization[J].Academy of Management Journal,1997,40:1150-1174.

[72] （美）迈克尔·波特.竞争优势[M].北京:中国财政经济出版社,1988.

[73] Yoshino M Y,Rangan.Strategic alliance:An entrepreneurial approach to globalization.Boston:Harvard Business School Press,1995.

[74] Faulkner D.International Strategic Alliances: Cooperating to Compete. London：McGraw-Hill Book Company，1995.

[75] Bernard A. L'arbitrage Volontaire en Droit Prive. 1937.

[76] Lorange P, Roos. Strategic Alliances: Formation, Implementation, and Evolution [M]. Mass: Black Nwell,1992.

[77] Gulati R. Social structure and alliance formation patterns:a longitudinal analysis. Administrative Science Quarterly[J], 1995, 40(4):619-652.

[78] Killing J P.Understanding alliances:the role of task and organization complexity[J]. Cooperative Strategies in International Business,1988,6(2):55-68.

[79] Gatignon H, Anderson E. Models of foreign entry:A Transaction cost analysis and proposition[J].Journal of International Business Studies,1986,17(3):1-6.

[80] Johanson J, Vahlne J.The mechanism of internationalization[J].International Marketing Review,1990,7(4):11-24.

[81] Mowers E A. Strategic alliances and inter-firm knowledge transfer. Strategic Managemen[J]t.Journal,1996,17(Winter Special Issue):77-91.

[82] Das T K,Teng B.A resource-based theory of strategic alliances[J].Journal of Management,2000,26(1):31-61.

[83] 单汨源,彭忆.战略联盟的稳定性分析[J].管理工程学报,2000,14(3):76-79.

[84] 许广永,朱训伟.我国企业战略联盟原因探讨[J].经营与发展,2004(2):5-7.

[85] 李航.论知识联盟中的企业知识共享及其风险防范——中国企业的视角[D]. 武汉:武汉大学,2005.

[86] 左卫华.我国企业战略联盟存在问题及对策研究[D].重庆:西南大学硕士论文,2006.

[87] 孙杰.我国企业与跨国公司战略联盟研究[D].山东:山东大学.2006.

[88] Glaister K W, Buckley P J. Strategic motives for international alliance formation. Journal of Management studies, 1996.33: 301-332.

[89] Cathy L.Hartman & Edwin R.Stafford. Green Alliances:Building New Business with Environmental Groups[J], Long Range Planning, 1997,4:184-196.

[90] Das T K. Risk types and inter-firm alliance structure. Journal of Management Studies, 1996 ,33: 827-844.

[91] Macneil I R. The many futures of contracts [J]. Southem California Law Rev. 1974, 47:691-816.

[92] Williamson O E. Transaction -cost economies: the governance of contractual relations [J]. Journal of law and economics. 1979, 22 (10) :233 - 261.

[93] Lewieki R J,Bunker B B. Developing and maintaining trust in working relationships, in: R. M. Kramer, T. R. Tyler (Eds.), Trust in Organizations: Frontiers of Theory and Research, Sage Publications, Thousand Oaks, CA, 1996:

114- 139.

[94] Axelrod R. The Evolution of Cooperation. NewYork: Basic Books, 1984.

[95] Bucklin, Louis P. Competition and Evolution in the Distributive Trades, Englewood Cliffs, NJ: Prentice Hall, 1972.

[96] Inkpen A C , Beamish P W. Knowledge, bargaining power and the instability of international joint ventures[J]. Academy of Management Review, 1997, 22: 177-202.

[97] 李东红.企业联盟研发:风险与防范[J].中国软科学,2002,142:47-50.

[98] Von Neumann J, Morgenstern O. Theory of game and economic behavior[M]. Princeton University Press, 1994.

[99] Dodgson M. Organizational learning: A review of some literatures[J]. Organization Strudies. 1993, 1 (4) : 375 -394.

[100] Arrow K J .The Economic Implications of Learning by Doing[J[.Review of Economic Studies, 1962,29:155-173

[101] Teece D. Dynamic Capabilities and Strategic Management[M]. UC Berkeley, 1990:125-200.

[102] Kumar N. Goalization, foreign direct investment and technology transfer: impacts on and prospects for developing countries[R]. London and New York: Routledge for United Nations University, 1998.

[103] Levitt B, March J G. Organizational learning[J]. Annual Review of Sociology, 1988,14: 319-340.

[104] Nevis E C, DiBella A J, Gould J M. Understanding organizations as learning systems[J]. Sloan Management Review, 1995, 36 (2) :73.

[105] Kogut B, Zander U. Knowledge of the firm, combinative capabilities, and the replication of technology [J].Organization Science,1992,3(3):383-397.

[106] Argyris C,Schon D A. Organizational learning: A Theory of Action Perspective[M]. Reading. MA: Addison-Wesley,1978:18-97.

[107] Ikujiro Nonaka,Hirotaka Takeuchi.The Knowledge Creating Company[M]. New York:Oxford University Press,1995.

[108] Kim D H. The link between individual and organizational learning[J]. Sloan Management Review, 1993, (Fall) : 37-50.

[109] Nevis E C,DiBella A J,et al. Understanding organizations as learning systems [J]. Sloan Management Review, 1995 : 73-84.

[110] Crossan L,White. An organizational learning framework:From intuition to institution [J]. Academy of Mauagemeut Review ,1999,24(3):522-537.

[111] 陈国权,马萌.组织学习的过程模型研究[J].管理科学学报,2000,3(3):15-23.

[112] 康壮,樊治平.基于知识管理的敏捷组织学习二维度模型框架[J].管理科学学报,2004,7(1):45-52.

[113] 唐建生,和金生.组织学习与个人学习的知识发酵模型研究[J].科学管理研究,2005,23(1):85-88.

[114] Khanna T, Gulati R, Nohria N. The dynamics of learning alliances: Competition, cooperation and relative scope [J]. Strategic Management Journal, 1998,19(3):193-210.

[115] 谢泗薪,薛求知.中国企业全球学习战略的脉络与机理——基于国际化双向路径的视角 [J].复旦学报(社会科学版), 2004,03:25.

[116] 杨忠.新分析框架:组织学习与学习型组织理论.江海学刊,2001(2):28-33.

[117] Badaracco J L. The knowledge link: How firms compete through strategic alliances [M]. Boston: Harvard Business School Press,1991.

[118] Child J. Organization:A guide to problems and practice [M]. London :Harper & Row, 1984.

[119] Hamel G. Competition for competence and inter-partner learning within international strategic alliances. Strategic Management Journal, 1991, 12: 83-103.

[120] Eric W Tsang. The Knowledge Transfer and Learning Aspects of Internation-

al HRM: An Empirical Study of Singapore MNCs[J]. International Business Review, 1999, (8):591-609.

[121] Inkpen Andrew.Learning,Knowledge Acquisition,and Strategic Alliances [J]. European Management Journal,1998,16(2):223-229.

[122] Andrew C Inkpen. Learning through Joint Ventures: A Framework of Knowledge of Acquisition[J]. Journal of Management Studies,2000, (7).

[123] Park N K, Cho D S. The effect of strategic alliance on performance. A study of international airline industry. Journal of Air Transport Management, 1997, 3: 155-164.

[124] Koka B R, Prescott J E. Strategic as social capital: A multidimensional view. Strategic Management Journal. 2002, 23: 795-816.

[125] Barney J B. Firms resources and sustained competitive advantage. Journal of Management, 1991,17 (1): 99-120.

[126] Grant R. The resource-based theory of competitive advantage: implications for strategy formulation. California Management Review, 1991, 33 (3): 114-135.

[127] Chung S, Singh H, Lee K. Complementary, Status Similarity and Social Capital as Drivers of Alliance Formation [J]. Strategic Management Journal, 2000, 21: 1-22.

[128] Williamson O E. The Economic Institutions of Capitalism: Firms, Markets, Relational Contracting. Free Press:New York,1985.

[129] Coase R H. The nature of the firm. Economica N. 1937,(4):386-405.

[130] Park S H, Russo M V. When competition eclipses cooperation: an event history analysis of joint venture failure. Management Science, 1996, 42 (6): 875-890.

[131] Hennart J F. The Transaction Costs Theory of Joint Ventures [J]. Strategic Management Journal, 1988, 9(4) : 361 -374.

[132] Buckley P J , Casson M. The Future of Multinational Enterprise. Holmes &

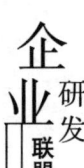

Meier: New York, 1976.

[133] Madhok A. Cost, value and foreign market entry mode: the transaction and the firm. Strategic Management Journal, 1997,18 (1): 39-61.

[134] Jarillo J C. On strategic networks. Strategic Management Journal 9, 31-41.

[135] Park, S.H., Russo, M.V., 1996. When competition eclipses cooperation: an event history analysis of joint venture failure. Management Science, 1988, 42 (6): 875-890.

[136] Nahapiet J, Ghoshal S. Social capital, intellectual capital and the organizational advantage [J]. Academy of Management Review,1998,(23):242-266.

[137] Coleman J S. Social capital in creation of human capital[J]. American Journal of Sociology,1988,94:95-120.

[138] Portes A. Social capital: its origins and applications in modern sociology [J]. Annual Review of Sociology,1998,24:1-24.

[139] Burt R S. Structuralholes: The Social Structure of Competition [M]. Cambridge. M A: Harvard University Press,1992.

[140] Putnam R D. Bowling alone：America's declining social capital[J]. Journal of Denocracy,1995,6:65-78.

[141] 边海杰,丘海雄.企业的社会资本及其功效[J].中国社会科学,2000,(2):87-99.

[142] Tsai W. Social Capital, Strategic Relatedness and the Formation of Intraorganizationallinkages [J]. StrategicManagement Journal, 2000, 21:925-939.

[143] 张方华,林仁方,陈劲.企业的社会资本与隐性知识[J].研究与发展管理,2003,(6):67-72.

[144] Sivadas E, Dwyer F R. An Cxamination of Organizational Factors Influencing New Product Success in Internaland Alliance-based Processes [J], Journal of Marketing，2000,64(1):31-49.

[145] Bolino M C, Turnley W H, Bloodgood J M. Citizenship Behavior and the Creation of Social Capital in Organizations[J], Academy of Management Re-

view, 2002, 27(4):505-522.

[146] Tsai W,Ghoshal S. Social Capital and Value Creation: The Role of Interfirm Networks [J]. Academy of Management Journal, 1998,41(4): 464-476.

[147] Fukuyama F. Trust： The Social Virtues and the Creation of Prosperity[M]. New Century Publishing Company, 1995.

[148] Nalebuff Barry, Branden burger Adam. Co-opetition[M]. ISL Frlag AB,Oskarshamn,1996.

[149] 孙利辉,徐寅峰,李纯青.合作竞争博弈模型及其应用[J].系统工程学报, 2002,17(3):211-215.

[150] 郑君君,刘恒,陈京华.供应链伙伴的合作博弈研究[J].科技进步与对策, 2006,(7):144-146.

[151] Kogut B，Zander U. What firms do? Coordination, identity, and learning [J].Organization Science,1996,7(6):502-518.

[152] Ghoshal S,Moran P. Bad forpractice: A critique of the transaction cost theory [J].Academy of Management Review,1996,21(1):13-47.

[153] Tsai W. Knowledge transfer in intraorganizationalnetworks: Effects ofnetwork position and absorptive capaciton business unit innovation and performance [J].Academy of Management Journal,2001,44(5): 996-1004.

[154] 李久平,顾新.知识联盟组织之间知识共享研究[J],情报杂志,2007(7):91-93.

[155] Gupta，AK and V.Govindarajan. Knowledge Flows Within Multinational Corporations[J]. Strategic Management Journal 2000,(21):473-496.

[156] Bartlett C A, Ghoshal S. Tap Your Subsidiaries for Global Reach[J].Harvard Business Review, 1986, 64(6): 87-94.

[157] Szulanski, G. 1996. Exploring internal stickiness: Impediments to the transfer of best practice within the firm. Strategic Management Journal, 17 Special Issue:27-43.

[158] Holt D, Peter E D, LI Love Heng. The leaming organization:Toward a para-

digm tot mutually beneficial strategic construction alliances [J]. International Journal of Project Management, 2000,(18) : 415-421.

[159] 卢兵,岳亮,廖貅武.联盟中知识转移效果的研究[J].科学学与科学技术管理,2006(8): 84-88.

[160] Rulke D L, Zaheer S, Anderson M. Sources of managers knowledge of organizational capabilities[J]. Organizational Behaviorand Human Decision Processes, 2000, 82(1): 134-149.

[161] Simonin B L. An empirical investigation of the process of knowledge transfer in international strategic alliances[J]. Journal of International Business Studies, 2004, 35(5): 407-427.

[162] Mowery D C, Joanne E O, Brian S S. Strategic alliances and inter-firm knowledge transfer[J]. Strategic Management Journal, 2006, 17: 77-91.

[163] Jorge Walter, Christoph Lechner, Franz W K. Knowledge transferbetween andwithin alliances partners: private versus collective benefits ofsocial capital[J]. Journal ofBusinessResearch, 2007,(1): 698-710.

[164] Makri Marianna, Lane P J. A research theoretic model of productivity, Science and Innovation[J]. R&D Management, 2007, 37(4): 303-317.

[165] Jing-Lin Duanmua, Felicia M F. A processual analysis of knowledge transfer: from foreign MNEs to Chinese suppliers[J]. International Business Review, 2007,(16): 449-473.

[166] Ai Ling Chuaa, Shan L P. Knowledge transfer and organizational learning in IS offshore sourcing[J]. Omega, 2006,(10): 267-281.

[167] 邓路.影响战略联盟中知识转移的因素[J].科技与管理,2007,(03) .

[168] 龚毅,谢恩.中外企业战略联盟知识转移效率的实证分析[J].科学学研究,2005, (04):70-75.

[169] Sakakibara. Knowledge Sharing in Cooperative Research and Development. Managerial and Decision Economics, 2003, 24(2): 117-132.

[170] Baughn,Denekamp,Stevens. Protecting Intellectual Capital in International

Alliances.Journal of World Business,1997,32(2): 103-117.

[171] 汪忠,黄瑞华.合作创新的知识产权风险与防范研究[J].科学研究,2005,23(3):419-424.

[172] Norman.Protecting Knowledge in Strategic Alliances：Resource and Relational Characteristics.Journal of High Technology Management Research, 2002,13(2): 177-187.

[173] 邢子政,黄瑞华,汪忠.联盟合作中的知识流失风险与知识保护:信任的调节作用研究[J].南开管理评论,2008,11(5):27-30.

[174] Norman. Are Your Secrets Safe?Knowledge Protection in Strategic Alliances. Business Horizons，2001，44(6)：51.

[175] 陈菲琼.企业知识联盟:理论与实证研究[M].上海:商务印书馆,2003.

[176] Kale,Singh,Perlmutter. Learning and Proprietary Assets in trategic Alliances: Building Relational Capital. Strategic Management Journal, 2000, (21): 217-237.

[177] 汤超颖,周寄中,刘腾.企业隐性技术知识吸收模型研究[J].科研管理, 2004, 25 (4) :41 - 50.

[178] Phan P H, Peridis T. Knowledge creation in Strategic Alliances: Another Look at Organizational Learning [J], Asia Pacific Journal of Management, 2000, 17: 201-222.

[179] Ingham M , Mothe C. How to Learn in R&D Partnerships? [J]. R&D Management, 1998,28 (4) :249 - 261.

[180] 汤建影,黄瑞华.研发联盟企业间知识共享的影响因素分析[J].科技管理研究,2005,(6):63-66.

[181] Lars Hakanson, Robert Nobel. Organizational Charac teristics and Reverse Technology Transfer[J].Management International Review, 2001,(41):395-420.

[182] Szulanski G. Exploring internal stickiness. Impediments to the transfer of best practice within the firm[J]. Strategic Management Journal, 1996, (17):

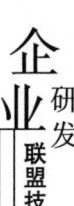

27-44.

[183] Simonin B L. Ambiguity and the process of knowledge transfer in strategic alliances [J]. Strategic Management Journal, 1999, (20): 595-624.

[184] Leonard D. Talking with Dorothy Ieonard [R]. London: Ernst & Young's Center for Business Innovation, 1997.

[185] Hofstede, G., Culture's consequences: International differences in work-related values [B], 1980, Beverly Hills, CA: Sage Publications.

[186] Susan C.Schneider and Jean-Louis Barsoux,Managing Across CuIture,Prentice Hall,1997.

[187] Chen Chungjen. The determinants of knowledge transfer through strategic alliances [C]. Boston: Academy of Management, Best Conference Paper 2004.

[188] Geert M. Duysters. Alliance Capabilities—How Can Firms Improve Their Alliance Performance? Paper for Sixth International Conference on Competence-Based Management, October 26-28, 2002, IMD, Lausanne.

[189] Maria Bengtsson, Powell Walter W.Introduction: new perspectives on competition and cooperation[J]. Scandinavian Journal of Management, 2004, 20 (1): 1-8.

[190] Park S H, Russo M V. When competition eclipses cooperation: an event history analysis of joint venture failure. Management Science, 1996,42 (6) : 875-890.

[191] Lado A A, Boyd N G, Hanlon S C. Competition, cooperation, and the search for economic rents: a syncretic model. Academy of Management Review, 1997, 22 (1):110-141.

[192] Cristina Quintana-Garcia, Carlos A. Benavides-Velasco, 2004. Cooperation, competition, and innovative capability: a panel data of European dedicated biotechnology firms. Technovation, 2004,(24): 927-938.

[193] Bengtsson M, Kock S. Coopetition in business networks- to cooperate and compete simultaneously. Industrial Marketing Management , 2000,29 (5):

411-426.

[194] 张沈伟,曾成桦.汽车业深陷错综复杂的合资网络,竞合关系如何平衡.中国经济网,2007.

[195] Hitt M A, Ireland R D, Hoskisson R E. Strategic management: Competitiveness and globalization. Mason, OH: Thomson South-Western,2007.

[196] Scotchmer S. Standingon the shoulders of giants: cumulative research and the patent law [J]. Journal of Economic Perspectives, 1991, 5: 29-41.

[197] Merges R, Nelson R R. On limiting or encouraging rivalry in technological progress: the effect of patent-scope decisions [J]. Journal of Economic Behavior and Organization, 1994, 25: 1-24.

[198] Soo Jeoung Sohn. The Two Contrary Effects of Imitation [J]. Economic Modelling, 2007.

[199] Lyon, Thomas P, Huang Haizhou. Innovation and imitation in an asymmetrically regulated industry [J]. International Journal of Industrial Organization, 1997,15 (1): 29-50.

[200] Ferrando J. Innovate and imitate?: Dynamic Innovation, Patents, and Costly Imitation[M], Universite de Paris 1, 2003.

[201] Barro R J, Sala-i-Martin X. Economic Growth [M]. New York: McGraw-Hill, 1995.

[202] Schumpeter J A, the Theory of Economic Development [M], Harvard University Press, Cambridge, 1934: 133.

[203] 王涛.知识管理时代的组织人力资源管理[J].商业研究,2004,(2):41.

[204] 员巧云，程刚.隐性知识交流中的透视变换[J].中国图书馆学报,2007,(05):95-98.

[205] Amidon D M. Innovation strategy for the knowledge economy: the ken awakening [M]. Boston: Butterworth Heinemann, 1997:23-56.

[206] Anand B N, Khanna T. Do firms learn to create value? The case of alliances. Strategic Management Journal , 2000,21(3): 295-316.